애쓰지 않는 기술

불안, 부담, 자책과 이별하는 실전 심리학

애쓰지 않는 기술

인쇄일 2023년 9월 21일
발행일 2023년 9월 27일

편저자 차이위저
옮긴이 김수민
펴낸이 유경민 노종한
책임편집 함초원
기획편집 유노북스 이현정 함초원 조혜진 **유노라이프** 박지혜 구혜진 **유노책주** 김세민 이지윤
기획마케팅 1팀 우현권 이상운 **2팀** 정세림 유현재 정혜윤 김승혜
디자인 남다희 홍진기
기획관리 차은영
펴낸곳 유노콘텐츠그룹 주식회사
법인등록번호 110111-8138128
주소 서울시 마포구 월드컵로20길 5, 4층
전화 02-323-7763 **팩스** 02-323-7764 **이메일** info@uknowbooks.com

ISBN 979-11-92300-85-6 (03190)

• ─ 책값은 책 뒤표지에 있습니다.
• ─ 잘못된 책은 구입한 곳에서 환불 또는 교환하실 수 있습니다.
• ─ 유노북스, 유노라이프, 유노책주는 유노콘텐츠그룹 주식회사의 출판 브랜드입니다.

불안, 부담, 자책과 이별하는 실전 심리학

애쓰지 않는기술

차이위저 편저 ｜ 김수민 옮김

심리학에 담긴
애쓰지 않는 삶의 비결

나는 심리학을 좋아한다. 생활 곳곳에서 즐거움을 발견할 수 있는 학문이기 때문이다. 일상에서 심리학과 관련된 현상을 흔히 마주칠 수 있다.

'기업이 헝거 마케팅(한정된 물량만 판매해 소비자의 구매 욕구를 자극하는 기법)을 하는 이유는 무엇일까?'
'어떤 선물을 줘야 사랑하는 사람이 좋아할까?'
'어떻게 상대에게 좋은 인상을 줄 수 있을까?'

이런 의문에 적용할 심리학 지식을 알고 있다면 우리는 여러 가지 상황에서 애쓰지 않고도 더 나은 선택을 할 수 있다.

인간의 보편적인 성향을 통해
더 쉽고 편안한 삶의 해답을 찾다

이 책을 읽고 독자들이 "아, 그랬구나!", "나도 비슷한 경험이 있어!" 하며 공감을 느낄 수도 있고, 몇몇 부분에서는 "어떻게 그럴 수가 있지? 내 경험과 다르잖아!" 하며 의구심을 가질 수도 있다. 만약 자기 경험과 다른 부분이 있다면 자신에게 문제가 있거나 이 책에 오류가 있는 것은 아닌지 의심하지 않기를 바란다. 바로 그 점이 심리학의 재미있는 특성이기 때문이다.

사람은 자기만의 생각을 가진 독립적인 개체다. 세상 누구도 자기 자신과 똑같이 말하고 똑같이 행동하는 사람을 찾을 수는 없다. 그러므로 대다수의 심리학자가 연구하는 것은 '보편적인 성향'이다. 한 예로 흔들다리 효과 실험을 보자. 이 실험은 인간이 가슴이 두근거리는 등의 생리적 반응을 다른 외부 요인 때문이라고 잘못 해석할 수 있음을 알려 주는 실험이다. 위험하게 흔들리는 다리 위에서 피실험자들은 매력적인 한 여성으로부터 전화번호를 받았다. 그들은 심장이 빠르게 뛰는 이유가 그 여성 때문이라고 착각해 나중에 그녀에게 전화를 걸었다. 그러나 흔들다리를 건넌 모든 남성이 전화를 건 것은 아니었다. 만약 당신이 전화를 걸지 않은 쪽에 속한다면 적어도 당신에게는 흔들다리 효과의 정확도가 떨어진다는 뜻이다.

이 실험에서 전화를 걸지 않은 사람들은 그 이유가 무엇이었을까? 줄타기 고수여서 흔들다리를 건너는 것쯤은 식은 죽 먹기였을 수도 있고, 워낙 내성적이기 때문이었을 수도 있고, 너무 바빴을 수도 있고, 아니면 전화번호를 잃어버렸을 수도 있다. 그 사이에 수많은 변수가 작용했을 수 있다. 그러므로 심리학에서 말하는 여러 가지 효과를 모든 사람에게 적용할 수는 없다.

어쩌면 정확하지도 않은 심리학이 무용지물이라고 말할 수도 있겠다. 그런데 만약 인간의 행동과 생각을 한 치의 오차도 없이 예측할 수 있는 학문이 있다면 섬뜩한 일이 아닌가? 그런 것이 있다면 과학이 아니라 마법일 것이다.

심리학은 물리학이나 화학처럼 고정불변의 원소나 분자를 연구하는 학문이 아니다. 세상에 완전히 똑같은 사람은 단 한 명도 없기 때문에 모든 실험이 개개인에게 똑같은 변화를 일으킬 수는 없다. 심리학이 정확하지 않은 것은 사실이지만 그것은 인간의 다양한 개성을 반증하는 것이기도 하다. 이 점을 이해한다면 자신과 다른 타인의 모습을 조금 더 포용할 수 있을 것이다. 이것이 바로 심리학에서 배우는 유연한 지혜다.

심리학도 그저 원칙과 방향을 알려 줄 뿐이라며 실망하는 사람이 있다면 심리학에서 문제의 해답을 찾기보다 친구와 대화를 나누고 조언을 구하는 것도 나쁘지 않다. 친구들이 자기 경험에 근거해 방향을 알려 줄 것이다.

그런데 심리학이 신뢰도 100퍼센트의 결론을 내릴 수는 없어도 많은 사람에게 보편적으로 적용되는 결론을 제시할 수는 있다. 하지만 친구의 조언은 그렇지 않다. 개인적인 요인이 개입되고, 객관적인 근거가 있다고 말할 수 없으며, 그때그때 기분에 따라 조언이 달라질 수도 있다. 심리학은 어떤 방법으로, 어떤 데이터를 근거로 결론을 도출했는지 분명히 알 수 있고 그때그때 결론이 바뀌지도 않으므로 친구의 주관적인 조언보다 신뢰도가 훨씬 높다.

그러므로 모든 사람에게 적용할 수 없다는 심리학의 특징은 인간의 독특함과 다양함을 정확하게 보여 준다는 점에서 단점이 아니라 장점이다. 우리가 이토록 독특하고 다양한 존재이기에 인생이 풍부하고 다채로운 것 아니겠는가? 심리학은 나와 타인을 이해하는 방법이다. 비록 돈을 많이 벌게 해 주거나, 더 아름다운 외모를 갖게 해 주거나, 시험에서 만점을 받게 해 줄 수는 없겠지만 심리학은 당신이 생활하는 환경의 스펙트럼을 넓히고, 작은 일에서 새로운 재미를 발견하게 하며, 애쓰지 않고 편안하게 살 수 있도록 도와줄 것이다!

차례

1장
관계의 기술

어떻게 하면
인간관계에서
전전긍긍하지 않을까?

2장
사랑의 기술

어떻게 하면
사랑에
안달복달하지 않을까?

3장
일의 기술

어떻게 하면
우왕좌왕하지 않고
프로처럼 일할까?

4장
행복의 기술

어떻게 하면
일희일비하지 않고
편안하게 살까?

어떻게 하면 인간관계에서 전전긍긍하지 않을까?

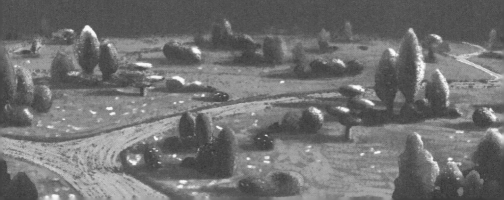

누구나 흔히
알 법한 것을 이야기하라

| 특별한 경험의 사회적 비용 |

유런은 자타공인 이야기꾼이다. 어딜 가든 누구와도 재미있게 이야기를 나눌 수 있다. 이장은 그런 유런이 몹시 부러웠다. 모두 그와 대화를 나누고 싶어 하는 것을 보며 자기도 그렇게 인기 많은 사람이 되고 싶다고 생각했다.

이장은 자신이 하는 얘기가 재미없어서 사람들의 관심을 끌지 못한다고 생각했다. 특별한 경험을 하고 그것에 대해 들려준다면 사람들이 관심을 보이고 자신을 친근하게 느낄 것 같았다. 그는 고민 끝에 비싼 돈을 들여 특별한 경험을 했다. 호화 유람선을 타고, 유럽에 다녀오고, 두바이의 최고급 호텔에 묵었으며, 미슐랭의 별 세 개짜리 레스토랑에도 다녀왔다. 올해 연말의 대학 동창회에서는 자신이 스타가 될 것이라고 기대했다.

하지만 예상은 완전히 빗나갔다. 동창회가 시작된 지 30분도 되지 않아서 이장의 화제가 다 떨어지고 만 것이었다. 친구들은 부러운 눈빛으로 그를 쳐다보거나 "와, 좋았겠네!", "멋지다" 같은 감탄사로 그의 화젯거리를 끝냈다.

반대로 유런의 주변에는 언제나처럼 친구들이 모여들어 흥미진진하게 이야기꽃을 피웠다. 유런이 아무리 사소한 이야기를 해도 친구들은 "그래, 맞아 맞아! 나도 그렇다니까!"라고 맞장구를 치며 호응했다.

'어떻게 이럴 수가 있지?'

이장은 우울해졌다. 무엇이 문제인지 도무지 알 수가 없었다.

누구나 일상에서 겪은 작은 일을 주변 사람들에게 얘기한 경험이 있을 것이다. 더구나 그 일이 흔히 경험할 수 없는 특별한 사건이라면 그 얘기로 대화의 물꼬를 트거나 분위기를 끌어올리고 싶어질 것이다. 혹은 그때의 기분을 남들과 공유하고 싶어질 것이다. 하지만 실제 상황은 기대와 다르게 흘러가기 일쑤다. 특별한 경험을 얘기했다가 오히려 분위기가 썰렁해지고 당신이 대화에서 소외될 수도 있다.

사소한 이야기일수록
대화의 중심이 되는 역설

하버드대학교의 사회 심리학자 거스 쿠니와 버지니아 대학교 연구 팀은 '특별한 경험에 숨겨진 사회적 비용'에 관한 실험을 했다.

그들은 68명의 피실험자를 4명씩 조로 나눈 뒤 각 조의 한 명에게만 재미있는 거리 마술 쇼 영상을 보여 주고 다른 세 명에게는 재미없는 애니메이션을 보여 줬다. 사전에 조원들에게 각자가 어떤 영상을 보는지 알려 줬고 영상을 보고 나서는 5분 동안 자유로운 대화를 나누게 했다. 대화가 끝나고 피실험자들을 인터뷰한 결과, 애니메이션을 본 피실험자에 비해 마술 쇼를 본 피실험자들이 더 우울해졌고 대화에서 자신이 소외됨을 느꼈다고 답했다.

결과만 들으면 의아할 것이다. 누구나 특별한 경험을 하거나 신기한 것을 보고 싶어 하지 않는가? 어째서 특별한 경험을 한 사람이 대화에 낄 수 없을까? 그렇다면 흥미진진하게 대화를 나눴던 기억들을 돌이켜 보자. 아마 대부분의 화제가 우리 주변에서 흔히 접하는 평범한 일이었을 것이다.

이런 현상은 사회적 상호 작용과 관련이 있다. 사람들 사이에서 이뤄지는 소통과 교류는 대부분 유사성을 기반으로 한다. 따라서 특별한 경험은 자신이 남들과 다르다고 느끼게 하고 그 때문에 대화와 소통에서 소외감을 받게 된다. 듣는 사람은 그것이 어떤 경험인지, 그것을 경험할 때 어떤 기분이 드는지 모르기 때문에 화제에

대한 얘기가 이어지기 힘들다. 하지만 흥미롭게도 이 실험의 피실
험자 대다수가 특별한 경험은 훌륭한 화젯거리기 때문에 특별한
경험을 한 사람이 대화의 중심이 될 것이라고 착각하고 있었다.

많은 이가 특별한 경험이나 남다른 성과를 남들에게 들려주면
호기심을 불러일으키고 주목받을 것이라고 착각한다. 너무 특별한
경험이 화제가 되면 사람들이 끼어들 수 없기 때문에 오히려 특별
한 경험을 한 사람이 대화에서 소외된다는 사실을 알지 못한다.

애쓰지 않는 심리 연습
흔한 경험으로 관계에서 교집합을 만들어라

대화에서 화제를 주도하고 싶다면 경험할 당시 자기 기분이 어땠는지
에만 집중하지 말고 남들도 그 경험에 흥미를 느낄지 고려하는 것이
좋다. 아무리 멋진 경험이라도 당신과 상대 사이에 아무런 교집합이
없다면 당신의 인간관계에는 전혀 도움이 되지 않는다. 기껏해야 감탄
사와 선망하는 눈빛을 기대할 수 있을 뿐 누구도 당신의 말을 받아 대
화를 이어 갈 수 없을 것이다. 대화의 중심이 되고 싶다면 일상에서 흔
히 접할 수 있고 누구나 공감할 수 있는 경험을 화제로 선택하자.

남들은 나에게
관심이 없다

│ 스포트라이트 효과 │

리우는 다음 주에 친한 친구의 결혼식에 들러리로 설 예정이어서 특별히 유명한 미용실에 가서 헤어스타일을 바꿨다. 그런데 의도와는 달리 너무 튀는 머리가 되고 말았다. 헤어 디자이너가 요즘 유럽에서 제일 유행하는 스타일이라고 강조했지만 아무리 봐도 이상하기만 했다. 거리를 걸으면 사람들이 흘끔거리는 시선이 느껴졌고 동료와 얘기를 나눌 때도 동료의 시선이 자꾸만 머리로 향하는 것 같았다. 길에서 일광욕을 즐기는 개와 고양이도 머리를 보며 "그러니까 누가 안 하던 짓 하래?"라고 비웃는 것 같았다. 어쩌면 좋을까?

누구나 한 번쯤 이런 경험이 있지 않은가? 머리를 잘못 잘랐을 때, 길에서 넘어졌을 때, 많은 사람 앞에서 말실수했을 때 등 난처한 상황에서 사람들의 눈길이 자신에게 쏠리면 차라리 쥐구멍이라도 찾아서 들어가고 싶은 심정이다. 그런데 정말 내가 실수한 것을 사람들이 다 봤을까? 모두가 나를 보고 속으로 웃고 있을까?

타인의 시선이 아니라 나의 시선이다

1998년 미국의 심리학자 토마스 길로비치와 케네스 새비츠키가 진행한 연구에 따르면, 사람들은 남들의 관심과 시선이 항상 자신에게 쏠려 있다고 착각한다. 마치 자신이 슈퍼스타가 돼 무대에 올랐고 스포트라이트가 자신을 비추고 있으며 관객들이 자신을 주시하고 있다고 생각하는 것이다. 그들은 이런 현상을 '스포트라이트 효과' 또는 '투명성 착각'이라고 명명했다.

그들은 피실험자가 과거 인기 스타의 얼굴이 프린트된 가면을 쓰고 약간 촌스러운 옷을 입게 한 뒤 어떤 방에 들어갔다 나오게 했다. 방 안에서는 학생 5명이 문을 바라보고 앉아 있었다. 연구자는 피실험자에게 방에 있던 학생들 중 몇 명이 가면에 프린트된 사람을 기억할 것 같느냐고 물었다. 그리고 방에 있던 학생 5명에게는 방금 전 들어왔던 사람이 누구의 사진이 찍힌 가면을 썼는지 기억하느냐고 물었다.

실험 결과, 피실험자는 실제보다 더 많은 학생이 기억할 것이라고 말했다. 그들은 방에 있던 학생 5명 중 절반 이상이 가면을 기억할 것이라고 대답했지만 사실 가면을 기억한 학생은 평균 10퍼센트밖에 되지 않았다.

스포트라이트 효과는 왜 생기는 것일까? 사람들이 자신과 관계된 사물에 과도한 관심을 쏟기 때문이다. 우리는 자기 외모와 옷차림을 분명히 느낄 수 있고 자신이 무엇을 하는지 분명히 인식할 수 있기 때문에 자기도 모르게 자신의 생각과 경험으로 타인의 시각을 추측하게 된다. 이 때문에 남들이 자기 얼굴에 묻은 작은 얼룩과 자신의 실수까지도 다 보고 있다고 생각하는 것이다.

스포트라이트는 실제로 존재하지 않고 머릿속에만 있으며, 그 때문에 우리는 자신도 모르게 어떤 사실을 실제보다 과장해서 받아들인다. 그래서 작은 실수에도 난처해져 온 세상 사람들이 자기만 쳐다보고 있는 것 같은 기분이 든다.

애쓰지 않는 심리 연습
위축될 때마다 되뇌면 좋은 말, '다 내 착각이다'
남들의 시선이 온통 자기에게 쏠려 있다는 생각이 든다면 자신에게 말하자. 이 모든 것은 내 착각이자 가설일 뿐이라고. 타인의 시선을 너무

의식하면 스포트라이트 효과로 인해 행동이 위축되고 진정한 자신의 모습으로 살 수 없다. 의심이 많아지고 예민해지며 부정적이고 비관적인 성향을 갖게 된다.

하지만 스포트라이트 효과가 전적으로 나쁜 것만은 아니다. 다른 사람이 지켜본다는 생각 때문에 언행에 주의하게 되고 때와 장소에 어울리는 옷차림과 행동을 갖추게 되기 때문이다. 그러므로 타인의 시선을 너무 신경 쓸 필요도 없지만 그렇다고 너무 무시해서도 안 된다. 적절하게 의식하는 것이 가장 좋다.

부정적인 이미지를
긍정적으로 바꾸는 방법

| 낙인 효과 |

1968년 미국 아이오와주의 한 초등학교 교사 제인 엘리엇이 아이들에게 편견에 대해 알려 주기 위해 실험을 했다. 바로 유명한 '낙인 실험'이다. 엘리엇은 반 학생들을 눈동자 색깔에 따라 파란 눈 조와 갈색 눈 조로 나눴다. 실험 첫날 엘리엇이 진지한 말투로 아이들에게 말했다.

"파란 눈동자를 가진 아이들은 대부분 멍청하고 갈색 눈동자를 가진 아이들은 대부분 똑똑하단다."

엘리엇은 파란 눈 조의 아이들에게 이상하게 생긴 스카프를 두른 채 맨 뒷자리에 앉게 했다. 그리고 두 조의 아이들이 함께 노는 것을 금지하는 등 갈색 눈 조의 아이들을 여러 가지로 우대했다. 그 결과, 파란 눈 조의 아이들은 낙인이 찍힌 지 하루도 되지 않아 분노가 슬픔으로 바뀌었고 그다음에는 이 가짜 현실을 받아들였다. 파란 눈 조의 아이들은 정말로 자신이 열등하다고 생각해 자신감을 잃었고 갈색 눈 조의 아이들은 자신이 우월하다는 데 자부심을 느꼈다.

둘째 날 엘리엇이 교실에 들어가자마자 과장된 말투로 말했다.

"내가 실수를 했구나. 사실 파란 눈동자를 가진 아이들이 똑똑하고 갈색 눈동자를 가진 아이들이 멍청해."

그녀는 모든 규칙을 어제와 반대로 바꿨다. 이상한 스카프도 역시 갈색 눈 조에게로 돌아갔다. 그러자 짧은 시간에 모든 것이 바뀌었다. 파란 눈 조의 아이들은 자신이 똑똑해졌다고 느꼈고 비슷한 난이도의 시험에서 갈색 눈 조의 아이들보다 훨씬 높은 성적을 받았다. 반면 갈색 눈 조 아이들에게서는 바로 전날 파란 눈 조 아이들이 보였던 우울감과 상실감이 나타났다.

이틀간의 실험이 끝난 뒤 엘리엇은 이것이 실험이었다는 사실을 말해 줬다. 실험의 목적이 무엇이었는지 밝히고 두 조 아이들이 서로 포옹하고 화해한 뒤 느낀 점을 쓰게 했다.

이 실험은 엘리엇의 반 아이들뿐만 아니라 전 세계를 놀라게 했다. 낙인 효과란 사람에게 일단 어떤 낙인이 찍히면 낙인에 따라 그를 바라보는 타인의 시선이 결정되고 시간이 흐르면서 그 자신도 낙인 찍힌 대로 변할 가능성이 크다는 것을 보여 준다.

자기도 모르게
꼬리표에 부합하게 된다

1972년 스탠퍼드대학교의 교수 데이비드 로젠한이 '가짜 환자 실험'을 실시했다. 그는 실험자 8명을 가짜 환자로 위장시켜 정신과 병원에 보냈다. 그들은 각각 학생, 소아과 의사, 정신과 의사, 화가, 가정주부와 심리학자 3명이었다. 이 가짜 환자들은 모두 정신과 의사에게 자신이 심각한 환청을 겪는다고 말했다. 실제로는 그렇지 않았다. 그 외에는 모든 말과 행동이 정상적이었다. 실험 결과, 실험자 8명 중 7명이 조현병 판정을 받고 병원에 입원했다.

병원에서 이 가짜 환자들의 행동은 지극히 정상적이었다. 더 이상 환청 증세를 호소하지 않았고 다른 비정상적인 점도 나타나지 않았다. 하지만 병원의 의료진 중 누구도 그들이 가짜 환자라는 사실을 눈치채지 못했다. 이들이 이미 '정신병자'로 낙인 찍혔기 때문이다. 그들이 퇴원시켜 줄 것을 요구하자 의료진은 환자의 병세가 심각해졌다고 판단하고 퇴원을 허락하지 않았을 뿐만 아니라 오히려 치료를 계속 진행했다.

로젠한의 이 연구는 낙인 효과가 어떤 영향을 미치는지 보여 준다. 일단 한 사람에게 어떤 낙인이 찍히면 모든 사람이 낙인에 따라 그를 바라보고 그가 어떤 행동을 하든 모두 낙인에 부합한다고 받아들인다. 이런 선입견은 바꾸기가 매우 힘들다.

그뿐만 아니라 낙인은 낙인 찍힌 사람에게도 영향을 준다. 예를 들어, '나쁜 아이' 또는 '좋은 학생' 같은 꼬리표가 붙으면 주위에서 그 꼬리표대로 그를 바라보기 시작한다. 이런 일이 계속되면 그조차 자신을 바라보는 시선이 점점 바뀌어 자기도 모르게 꼬리표에 부합하는 행동을 하게 된다. 학생이 시험에서 낮은 점수를 받았다고 해서 '멍청하다'고 낙인 찍어 버리면 남들이 그 학생의 다른 장점을 발견할 수 있는 기회를 차단하게 된다. 이 학생이 어떤 행동을 하든 주변 사람들은 그가 멍청하다고 생각하고, 그 학생 스스로도 자신이 정말로 멍청하다고 생각하게 되는 것이다.

타인에 대한 아주 적은 정보로 쉽게 결론을 내리는 것도 낙인 효과를 일으키는 원인이다. 요즘 시대에는 정보가 워낙 많아서 특정 정보에 간단히 꼬리표를 붙여 정의해 버리고는 한다. 그래야 많은 정보를 기억하기가 쉽기 때문이다. 하지만 그런 것들이 낙인 효과를 일으켜 사물의 본질을 정확히 인식하지 못하게 한다. 그러므로 어떤 사람이나 사물, 일을 바라볼 때 낙인 효과에 시야가 흐려져 잘못된 인식을 갖지 않게 조심해야 한다.

또 한 사람에게 어떤 낙인을 찍으면 그를 바라보는 타인의 시선 뿐만 아니라 그 사람 스스로에게도 실질적인 영향이 나타날 수 있다는 점을 명심하자. 특히 유아기나 아동기, 청소년기에 가장 큰 영향을 미친다. 아직 자아 인식이 완성되지 않아 타인의 시선에 쉽게 의존하기 때문이다.

애쓰지 않는 심리 연습
만회하려 하지 말고 자신의 장점에 집중하라

낙인 효과가 부정적이기만 할까? 그렇지 않다. 이를 이용해 자신감을 높일 수도 있다. 예를 들어, 우리는 남에게 도움을 주면 스스로에게 '이타적인 사람'이라는 꼬리표를 붙이고, 시험을 잘 보면 자신에게 '똑똑하고 성실한 학생'이라는 꼬리표를 붙인다. 이렇게 꼬리표가 붙으면 그에 맞는 사람이 되기 위해 노력하고 점점 발전하게 된다.

만약 당신에게 부정적인 꼬리표가 붙었다면 어떻게 해야 할까? 누군가 당신에게 꼬리표를 붙였다 해도 그것은 상대의 주관적인 생각일 뿐 객관적인 사실이 아닐 수 있다. 당신이 강한 신념으로 주관을 지킨다면 그런 꼬리표는 당신에게 아무 영향도 미칠 수 없다. 하지만 당신이 자존감이 부족하고 남의 말에 쉽게 휘둘리는 사람이라면 의식적으로 남들에게 장점을 많이 보여 주면 된다. 당신의 좋은 꼬리표를 많이 보여 주고 그것이 가진 긍정적인 에너지를 최대한 발산하라.

처음 만난 사람과
허물없는 친구가 되기까지

| 웃음소리의 친밀도 효과 |

    학년이 올라가거나 직장에서 부서 이동을 하거나 군대에 입대하는 등 낯선 환경에 새롭게 들어갔다고 상상해 보자. 주위에 온통 모르는 사람뿐이라면 고민에 빠질 것이다. 어떻게 새 친구를 사귀어야 할까? 어떻게 하면 사람들과 빠르게 융화될 수 있을까?

    그럴 때는 지금 자신의 가장 친한 친구와 어떻게 사귀고 친해졌는지 떠올려 보라. 아마 당신도 모르는 사이에 호감이 생기고 사이가 좋아졌을 것이다. 그렇지 않은가? 사실 두 사람이 친구가 되려면 자신을 어느 정도 상대에게 보여 줘야 한다. 비밀을 털어놓는 것이다. 양쪽 모두 상대가 자신에 대해 알 수 있도록 자기 이야기를 털어놔야만 사이가 가까워질 수 있다.

하지만 자신을 드러내 보이는 일에도 몇 가지 단계가 있다. 우선 사는 곳, 나이, 학력 등 표면적인 정보를 교환하고, 조금 더 들어가 취미와 특기를 공유한 후에, 더 나아가 자신의 건강 상태, 가치관 등을 공유해야 한다. 깊이 들어갈수록 우정을 쌓는 데 도움이 되지만 여기서 알아야 할 점이 있다. 어느 정도 관계가 형성되기 전에는 불확실성이 많다는 것이다. 그래서 사람들은 상대가 이 관계를 어떻게 생각하는지 알 수 없을 때는 대개 사적인 일을 공유하기를 꺼린다.

자신을 드러내 보이는 것이 관계를 형성하는 중요한 요인이라면, 낯선 사람과 더 깊이 있는 정보를 공유하고 더 빠르게 친구가 되는 특별한 방법은 무엇일까?

낯선 사람도 무장 해제되는 웃음의 힘

영국 런던대학교의 교수 앨런 그레이에 따르면, 웃음은 사람의 마음을 열고 사적인 일을 공유하게 만드는 힘이 있다. 그레이는 낯선 사람에게 자신을 드러내는 데 웃음소리가 어떤 영향을 미치는지 알아보기 위해 실험을 실시했다.

우선 서로 모르는 사이인 대학생 112명을 무작위로 세 그룹으로 나눴다. 그들을 각각의 방에 모아 놓고 10분 동안 영상을 시청하게 했다. 단, 이성에 대한 호감이 개입되지 않도록 남자와 여자를 분리해서 그룹을 나눴다. 이성과 함께 있는 경우 웃음소리가 서로의 친밀감을 높이는 것이 아니라 성적 어필을 위한 것일 수 있다는 연구 결과가 있기 때문이다. 영상을 보는 동안 학생들은 서로 대화를 나눌 수 없었다.

그들에게 보여 줄 영상은 웃음을 유발하는 정도와 긍정적인 감정을 자극하는 정도에 따라 세 가지로 나눴다. 첫 번째 조에게는 영국의 유명한 1인 토크 쇼 영상을 보여 주며 즐겁게 웃을 수 있게 했다. 두 번째 조에게는 감정 기복이 거의 없는 골프 강습 영상을 보여 줬다. 세 번째 조에게는 밀림 지대가 나오는 〈플래닛 어스〉를 보여 주며 탁 트인 자연 경관을 감상하게 했다.

학생들이 영상을 시청하는 동안 각각의 자리에 녹음기를 설치해 그들의 웃음소리를 녹음했다. 영상 시청이 끝난 뒤에는 각자 자신에 관한 정보를 5개씩 종이에 적어 남들에게 보여 주게 했다.

실험 결과, 토크 쇼를 시청하며 가장 많이 웃은 학생들이 다른 조에 비해 자신의 사적인 정보를 더 많이 공유하려고 했으며 더 강한 친밀성을 드러냈다. 흥미로운 사실은 〈플래닛 어스〉를 시청한 학생들도 긍정적인 감정은 높아졌지만 친밀성은 높게 나타나지 않았다는 점이다. 긍정적인 감정만으로는 사적인 정보를 타인과 공유하려는 욕구가 증가하지 않는다는 사실과 가장 중요한 것은 웃음이라는 사실을 알 수 있다.

이 연구를 통해 웃음이 사람의 마음을 이완시키고 개인적인 정보를 공유하게 해서 관계를 가깝게 만든다는 사실이 밝혀졌다. 웃음은 새로운 인간관계를 만드는 촉진제라고 할 수 있다! 아무리 인테리어가 아름답고 분위기가 근사하고 긍정적인 감정이 흘러넘치는 곳이라도 웃음소리가 없다면 우정이 싹트기 힘들다.

애쓰지 않는 심리 연습
상대를 웃기거나 웃음이 넘치는 곳에 데려가거나

심리학자들은 낯선 환경에 처음 들어가 새로운 친구를 사귀고 사람들과 빠르게 융화되고 싶다면 주변 사람들을 많이 웃게 하라고 조언한다. 이렇게 말하면 "하지만 저는 유머러스한 사람이 아닌걸요. 어떻게 상대를 웃게 만들죠?"라고 묻는 사람도 있을 것이다. 그렇다 해도 걱정할 필요가 없다. 주변 사람들을 웃게 하려는 것은 그들이 자기 자신을 더 열어 보이게 하기 위함이다. 그러므로 당신이 유머러스하지 않다면 대신 재미있게 웃을 수 있는 곳에 함께 가면 된다. 코미디 영화를 보러 가는 것도 좋은 방법이다. 다양한 방법으로 사람들을 웃게 하면 된다.

대화할 때 먼저 자신의 이야기를 많이 하는 것도 괜찮다. 그러면 당신이 이 관계를 어떻게 대하는지 상대가 느끼게 되므로 우정을 쌓는 데 도움이 된다. 하지만 처음부터 자신을 너무 많이 보여 주면 상대가 감당하지 못하고 부담감을 느낄 수 있다. 자신의 취미나 창피했던 경험 등 가벼운 얘기로 대화를 시작하는 것이 좋다.

반대로 상대가 자기 이야기를 할 때는 귀 기울여 듣고 보디랭귀지, 표정, 추임새 등으로 상대에게 호응해 주는 것이 좋다. 당신의 진심을 느낀 상대가 더 많은 것을 공유하려 할 것이다.

마지막으로 조언할 것은 웃음이 인간관계를 부드럽고 가까워지게 하는 촉진제이기는 하지만 우정을 오랫동안 유지하고 깊게 발전시키려면 웃음만으로는 부족하다는 점이다. 서로의 신뢰, 의지, 이해 등도 우정을 지속하는 데 매우 중요한 요인이다.

"나 살찐 것 같지 않아?"의
훌륭한 대처법

| 사회적 지지 효과 |

"엄마, 나 살찐 것 같지 않아요? 요즘 들어 얼굴이 동그래진 것 같
아요."

"나 배가 더 나온 것 같지 않아? 살쪘나 봐."

"자기야, 나 너무 뚱뚱하지 않아? 내가 뚱뚱해지면 싫어할 거야?"

왠지 귀에 익은 대화 아닌가? 당신도 이런 질문을 자주 하거나
듣지 않는가? 사람들은 친구나 애인에게 자기 몸매가 어떤지 묻고
는 한다. 특히 몸매가 좋지 않은 경우에 더 그렇다. 이런 질문에 어
떻게 대답해야 할까? 솔직하고 진지하게 충고해 주는 사람도 있고,
상처를 주지 않으려고 사실과 다르게 대답하는 사람도 있을 것이

다. 어느 쪽이든 기본적으로 자기 대답 때문에 상대가 상처받는 것은 원치 않을 것이다.

여자의 몸매나 체중에 대한 평가, 특히 친한 친구의 말이 실제로 체중 변화에 큰 영향을 미친다는 사실을 모르는 사람이 많다. 부정적인 평가를 반복적으로 듣는 일은 다이어트에 그다지 도움이 되지 않는다.

따끔한 충고보다
무조건적인 지지가 효과적이다

캐나다 워털루대학교의 교수 크리스틴 로젤이 발표한 연구 결과가 이 사실을 증명한다. 로젤은 평균 체중인 여자 대학생 187명을 대상으로 연구를 진행했다. 피실험자들은 기존 체중만 유지해도 충분했고 살을 더 뺄 필요가 없었지만 여느 여성들과 마찬가지로 더 날씬해지고 싶다고 생각했다. 모델처럼 호리호리한 몸매는 그녀들의 공통된 소망이었고 그들 중 일부는 체중에 몹시 예민하며 자기 몸매에 대해 애인과 자주 얘기를 나눴다.

연구 팀은 우선 피실험자들의 키와 체중, 자기 체형에 대한 생각을 조사한 뒤 9개월에 걸쳐 세 차례 추가 조사를 실시했다. 첫 번째 조사 후 5개월이 지났을 때 피실험자들에게 친구나 애인에게 자기 몸매에 대해 물어본 적이 있는지, 만약 그런 적이 있다면 어떤 대답을 들었는지 질문했다. 그다음 피실험자들의 키와 체중, BMI를 5개월 전과 비교해 둘 사이에 어떤 상관관계가 있는지 분석했다.

연구 결과, 전반적으로 체중에 예민한 여성은 친구나 애인에게 "지금 몸매가 딱 좋아!" 같은 긍정적인 대답을 들으면 기존 체중이 유지되거나 0.5킬로그램 정도 감량됐다. 애인에게 긍정적인 대답을 들었을 때 체중이 증가한 경우는 소수 있었고 평균적으로 1.8~2.2킬로그램 증가했다. 애인의 긍정적인 평가가 다이어트에 실제로 도움이 된 것이다.

예상과 다른 결과가 아닌가? 일반적으로 솔직한 평가가 자극을 줘서 열심히 다이어트를 할 것이라고 생각한다. 그런데 실제로는 "괜찮다"라는 긍정적인 대답을 들었을 때 긍정적인 효과가 나타났다. 바꿔 말하면 부정적인 평가가 오히려 상대를 살찌게 만들 수 있는 것이다.

애쓰지 않는 심리 연습
무조건 긍정적으로 피드백할 것

사회적 지지가 사람들, 특히 여성의 건강에 영향을 미친다는 사실이 많은 연구로 입증됐다. 사회적 지지 중 특히 중요한 것은 가까운 사람이 내 현재 상태를 받아들이는지의 여부다. 살이 찐 친구를 위하는 마음으로 지적할지라도 사실 그런 관심이 스트레스가 되면 자기 체중에 연연하지 않던 사람도 살이 더 찔 수 있다. 열심히 운동하고 건강한 식이 요법을 실천하게 하려면 자신감과 긍정적인 마음을 갖게 만들어야 한다.

하지만 이 결과가 모든 여성에게 완벽하게 적용되는 것은 아니다. 성향에 따라 따끔한 충고를 들으면 자극을 받아 열심히 운동하는 사람이 있는가 하면, 반대로 "네가 받아들여. 나는 행복한 뚱보로 살게 내버려 둬"라고 말하는 사람도 있다. 따라서 이 연구는 솔직한 지적만큼이나 긍정적인 지지도 매우 중요하다는 사실을 일깨운다.

당신의 가족이나 친구 중에 체중에 연연하며 주변 사람들에게 수시로 자기 몸매에 대해 묻는 여성이 있다면 꼭 기억하라. 그 사람이 다음번에도 자기 몸매에 대해 물으면 긍정적인 대답을 해 줘야 한다는 것을!

상대방이 내게
집중하기를 바란다면

| 스마트폰 역설 |

리청, 이전, 위밍, 주췬은 대학 시절 매일 몰려다니던 사총사였다. 졸업 후 각자 다른 직장에서 일하고 있지만 여전히 가끔씩 만나 같이 식사한다. 그런데 최근 들어 넷이 모일 때마다 리청이 대화에 끼지 않고 스마트폰만 들여다보는 일이 많아졌다. 분위기가 썰렁해지자 위밍이 좋은 말로 타일렀다.

"리청, 요즘 어떻게들 살고 있는지 얘기하려고 만났는데 왜 스마트폰만 들여다보고 있어?"

이전과 위밍도 맞장구를 쳤다.

"맞아! 너 때문에 분위기가 가라앉잖아."

"미안해! 중요한 연락을 기다리고 있어서 그래."

리청이 서둘러 스마트폰을 내려놓으며 사과했다.

스마트폰이 사람들의 생활을 크게 변화시켰다. 언제 어디서든 새로운 정보를 무궁무진하게 얻을 수 있고 신기하고 재미있는 애플리케이션이 쏟아져 나와 스마트폰 사용 시간이 계속 늘어나고 있다. 그뿐만 아니라 스마트폰은 사람들의 소통 방식마저 바꿔 놨다. 스마트폰을 통해 멀리 있는 사람과 자유롭게 소통할 수 있게 돼 사람 간의 거리가 훨씬 가까워졌다. 하지만 스마트폰이 정작 바로 곁에 있는 친구와는 멀어지게 만들었다는 사실을 간과하는 사람이 많다.

스마트폰과 한 공간에
있었을 뿐인데

영국 옥스퍼드대학교의 교수 앤드루 프르지빌스키와 카디프대학교의 교수 네타 와인스타인은 스마트폰이 사람들의 상호 관계에 미치는 영향을 연구하기 위해 흥미로운 실험을 실시했다.

두 사람은 서로 알지 못하는 피실험자들을 무작위로 둘씩 묶어 각각 방에 들여보낸 뒤 최근 한 달간 있었던 재미있는 일에 대해 대화를 나누게 했다. 절반의 방에는 의자 두 개와 테이블, 노트 한 권이 놓여 있었고, 나머지 절반의 방에는 의자 두 개와 테이블, 스마트폰 한 대가 놓여 있었다.

대화가 끝난 뒤 상호 관계의 질과 친밀도를 조사해 보니 스마트폰이 놓여 있던 방에서 대화를 나눈 사람들은 관계의 질을 상대적으로 낮게 평가했다. 스마트폰을 사용하지 않더라도 스마트폰과 같은 공간에 있는 것만으로 대화에 부정적인 느낌을 갖게 되는 것이다.

두 교수는 이 결과를 바탕으로 또 다른 실험을 했다. 어떤 상황에서 스마트폰의 존재가 대화에 가장 큰 영향을 미치는지 알아보는 실험이었다.

첫 번째 실험과 마찬가지로 서로 알지 못하는 피실험자들을 둘씩 짝지은 뒤 두 그룹으로 나눠 스마트폰이 있는 방과 노트가 있는 방에서 각각 대화를 나누게 했다. 하지만 이번에는 같은 그룹을 또다시 두 그룹으로 나눠 한 그룹에게는 작년에 있었던 가장 의미 있는 일 등 의미 있는 화제에 대해 얘기를 나누게 했고, 다른 한 그룹에게는 비닐 봉투에 대한 생각 등 의미 없는 가벼운 화제에 대해 얘기를 나누게 했다.

표로 정리하면 다음과 같다.

스마트폰이 있는 방	노트가 있는 방
의미 있는 화제	의미 있는 화제
의미 없는 가벼운 화제	의미 없는 가벼운 화제

대화가 끝난 뒤 피실험자들이 느끼는 관계의 질과 친밀도, 신뢰도, 공감도를 조사했다. 그 결과, 의미 없는 가벼운 화제로 대화한 경우 스마트폰이 있든 없든 관계의 질을 낮게 평가했으며 심지어 심한 불쾌감을 느낀 경우도 있었다. 신뢰도와 공감도 역시 낮았다.

스마트폰과 인터넷은 우리를 세상과 연결해 줬지만 한편으로 바로 옆에 있는 주변 사람과의 연결을 방해하고 있다. 그저 스마트폰이 같은 공간에 있기만 해도 우리는 남의 얘기에 귀를 기울이지 않고 상대에게 적절하게 반응하지도 않는다. 스마트폰이 타인과의 관계 형성을 저해하는 원인이 되는 것이다.

애쓰지 않는 심리 연습
스마트폰만 치워도 서로의 감정에 더 집중한다

이 실험을 알고 난 뒤 우리가 해야 할 일은 무엇일까? 바로 스마트폰을 내려놓는 것이다! 식사 모임 같은 자리에서는 스마트폰을 매너 모드로 바꿔 가방 깊숙한 곳에 넣어 두고 친구가 하는 얘기에 귀를 기울이자. 회사에서 회의를 할 때는 스마트폰을 자기 책상에 두고 가 상사에게 자신의 기획안을 설명하는 데 집중하자. 회의 도중에 누군가 스마트폰을 들여다보고 있다면 스마트폰을 내려놓고 의제에 집중해 달라고 말하자. 한마디로 스마트폰을 당신에게서 잠시 분리해 놔야 한다.

사람과 사람의 관계는 양쪽 모두가 오롯이 집중함으로써 만들어진다. 스마트폰에 집중력을 분산시키지 말고 상대도 스마트폰의 영향을 받지 않도록 일깨워야 한다. 앞으로 모임에 나갈 때는 자신에게서 통신 기기를 잠시 분리해 놓고 그 어떤 방해도 차단한 채 테이블 위의 화제에 집중하자. 몇 번 이렇게 하고 나면, 스마트폰과 분리됐을 때 주변에서 일어나는 일에 더 민감하게 반응할 수 있다는 사실과 외부와의 연결을 차단하면 내 곁에 있는 친구와 가족의 감정에 더 공감할 수 있다는 사실을 알게 될 것이다.

사과와 배상은
한 세트라고 생각하라

| 사과의 원칙 |

영화가 시작될 시간인데 친구가 나타나지 않았다. 전화를 걸어도 계속 음성 사서함으로 넘어갔다. '혼자서라도 영화를 볼까?' 하고 수없이 갈등했지만, 친구와 같이 보기로 한 영화였기에 미리 사놓은 티켓을 포기할 수밖에 없었다. 그날 오후 늦게 친구에게 전화가 왔다.

"정말 미안해. 늦잠을 잤지 뭐야…. 어쩔 수 없지. 영화 티켓을 날렸으니까 대신 밥 살게. 나중에 만나자!"

친구의 말에 갑자기 화가 불쑥 솟구쳤다. 금전적인 손실도 물론 중요한 문제지만 내가 원하는 것은 진심 어린 사과였다!

누구나 살다 보면 이런 경험을 할 것이다. 잘못을 저질렀을 때 우리는 손해를 배상해야 한다는 생각부터 하지만 그보다 더 중요한 것은 진심에서 우러나오는 사과다. 하지만 앞의 사례에서 친구가 사과만 하고 배상하지 않는다면 그를 용서할 수 있을까? 아니면 배상과 사과를 모두 받아야만 용서할 수 있을까?

감정은 사과에 반응하고 이성은 배상에 반응한다

미국 베일러대학교의 박사 조앤 창은 말로 하는 사과와 행동을 통한 배상이 용서에 미치는 영향을 연구하기 위해 다양한 실험을 실시했다. 대학생 136명을 무작위로 다섯 그룹으로 나누고 각각 '배상과 사과를 모두 하는 조', '배상 없이 사과만 하는 조', '사과 없이 배상만 하는 조', '배상도 사과도 하지 않는 조', '아무것도 하지 않는 조'로 설정한 뒤 세 차례 게임을 진행했다.

우선 매회 카드를 10장씩 나눠 갖는데 세 차례의 게임을 마친 후 제일 많은 카드를 가진 사람이 50달러짜리 상품권을 획득하게 된다는 규칙을 알려 줬다. 한 명씩 작은 방에 들어가 낯선 사람과 한 팀이 돼 게임을 하는 것이라고 말해 줬지만 실제로 게임 파트너는 없었고 첫 번째와 두 번째 게임에서 그들이 카드를 몇 장 갖게 될 지도 사전에 정해져 있었다.

첫 번째 게임에서는 모든 피실험자에게 카드를 2장씩 나눠 준 뒤 '아무것도 하지 않는 조'에게는 이것이 무작위로 카드를 나눈 결과 라고 말해 줬다. 하지만 다른 네 조에게는 게임 파트너가 카드를 분배했다고 알려 줬다.

두 번째 게임에서는 모든 피실험자에게 카드를 9장씩 나눠 주고 '아무것도 하지 않는 조'를 제외한 네 조에게 각각 다른 사실을 알 려 줬다.

'배상과 사과를 모두 하는 조'에게는 게임 파트너가 카드를 분배 했다고 알려 줬다. 첫 번째 게임에서 카드를 적게 준 것에 대한 배 상으로 많이 준 것처럼 가장했다. "처음에 내가 카드를 너무 많이 가져서 미안합니다"라고 적힌 쪽지를 줬다.

'배상 없이 사과만 하는 조'에게는 이번에는 무작위로 카드를 분 배했다고 알려 줬지만 "처음에 내가 카드를 너무 많이 가져서 미안 합니다"라고 적힌 쪽지를 줬다.

'사과 없이 배상만 하는 조'에게는 이번에도 게임 파트너가 카드 를 분배했다고 알려 주며 쪽지도 주지 않았다.

'배상도 사과도 하지 않는 조'에게는 무작위로 카드를 분배했다 고 알려 주며 쪽지도 주지 않았다.

두 번째 게임	원인/배상
배상과 사과를 모두 하는 조	상대가 카드를 분배함 "처음에 내가 카드를 너무 많이 가져서 미안합니다"라고 적힌 쪽지 전달
배상 없이 사과만 하는 조	무작위로 카드를 분배함 "처음에 내가 카드를 너무 많이 가져서 미안합니다"라고 적힌 쪽지 전달
사과 없이 배상만 하는 조	상대가 카드를 분배함 쪽지 없음
배상도 사과도 하지 않는 조	무작위로 카드를 분배함 쪽지 없음

세 번째 게임에서는 피실험자가 자신과 게임 파트너에게 카드를 분배하게 한 후 그들이 상대를 얼마나 용서하는지 조사했다. 조사 결과, 상대에게 배상을 받은 조는 사과 쪽지를 받았든 받지 않았든 세 번째 게임에서 카드를 비교적 공평하게 나눴다. 하지만 사과 쪽지를 받은 조는 배상을 받았든 받지 않았든 상대에 대한 용서의 정도가 상대적으로 높았다.

다시 말하면, 상대가 공평하게 대우해 주기를 바랄 때는 사과만으로는 부족하고 실질적인 배상이 뒤따라야 하지만, 상대가 공평한 대우에는 관심이 없고 사과만을 원할 때는 배상 없이 사과만으로도 충분하다. 물론 배상과 사과를 모두 하는 것이 가장 좋지만 말이다. 왜 그럴까? 실질적인 배상을 얻으면 행동으로는 더 공평해지지만 감정적으로는 아직 상대를 용서할 수가 없다. 반면 사과를 받으면 감정적으로 화가 풀리고 상대를 용서할 수 있지만 그렇다고 상대를 공평하게 대할 수 있는 것은 아니다.

용서받고 싶다면 머리와 마음을 모두 고려하자

이 재미난 실험 결과에 따르면, 어떤 잘못을 하든 물질적 배상만으로 무마할 수 있다는 생각은 잘못이고 사과만 하면 없었던 일이 될 것이라는 생각도 착각이다. 물질적 배상이든 말로 하는 사과든 상대의 용서를 받는 데 도움이 되기는 한다. 하지만 사과만 하고 배상이 따르지 않으면 상대가 마음으로는 용서하지만 행동적으로 변화하지는 않는다. 반대로 배상은 하지만 사과를 하지 않으면 상대 또한 행동적인 변화는 보여 주지만 마음속으로는 용서하지 못한다.

그러므로 심리학자들은 누군가에게 진정한 용서를 받고 싶다면 사과와 배상을 함께 해 성의와 마음을 모두 표현해야 한다고 조언한다.

빨리 용서할수록
빨리 홀가분해진다

| 용서의 법칙 |

카페 창가 테이블에 앉아 책을 보고 있는데 갑자기 비가 오기 시작했다. 인도 위로 빗방울 떨어지는 소리가 알람처럼 그날의 기억을 깨웠다.

당신은 그날의 일을 하나도 잊지 않고 기억한다. 카페에서 나오던 음악, 당신들이 앉았던 자리, 커피 향기, 창밖을 지나가는 사람들의 우산 색깔, "우리 헤어져"라고 말하던 그의 표정까지. 그가 다른 사람을 사랑하게 됐다고 고백할 때 당신은 느슨하게 풀려 있는 그의 신발 끈으로 자꾸만 시선을 옮겼다. 엄청난 고통을 감당할 수 없었기에.

1년도 더 흘렀지만 당신은 아직도 이별의 고통에서 벗어나지 못하고 있다. 그가 준 상처를 용서할 수가 없다. 또렷한 사진처럼 당신의 기억 틈새에 껴 있던 그날이 시간이라는 바람에 날려 당신의 머릿속으로 툭 떨어졌다.

그를 용서할 필요는 없다고 생각하지만 그때 느꼈던 감정은 이제 그만 잊고 싶다….

고통스러운 기억에서 벗어나는 확실한 방법

긍정 심리학 분야에서 용서는 가장 활발하게 연구되는 주제다. 에버렛 워딩턴이 제안한 용서의 5단계(REACH), 로버트 엔라이트가 제안한 용서의 4단계(발견, 결심, 행동, 해방) 등 널리 알려진 이론이 많다.

용서에 이렇게 많은 절차와 단계가 필요하다는 것은 용서가 그만큼 쉽지 않다는 의미일 것이다. 비록 많은 사람이 용서가 미덕이며 타인을 용서해야 사회적 관계를 원만하게 유지할 수 있다고 말하지만 말이다. 물론 맞는 말이다. 하지만 자신과 밀접하고 자신에게 영향이 컸던 사건에서 상처를 받고 피해를 입었다면 타인을 용서하는 것이 그리 단순한 일이 아니다.

사람들은 상처 입었던 기억을 자세히 기억하기를 원치 않지만 종종 잊으려고 할수록 더 또렷하게 기억난다. 몇몇 심리학자는 이런 현상을 보고 "타인을 용서하면 상처를 잊을 수 있을까?"라는 의문을 품었다.

스코틀랜드 세인트앤드루스대학교의 연구원 사이마 노린이 대학생 30명을 대상으로 한 가지 실험을 했다. 우선 타고난 성격이 타인을 용서하는 데 영향을 미치는지 알아보기 위해 피실험자들이 어떤 감정에도 방해받지 않고 정서가 평온한 상태에서 그들의 용서 성향, 즉 성격이 얼마나 너그러운지 검사했다. 점수가 높을수록 용서 성향이 높다는 뜻이었다.

1단계 실험에서 사람들이 잘못을 저지르는 다양한 상황을 묘사한 뒤에 피실험자들에게 "만약 당신이 피해자라면 상대를 얼마나 용서할 수 있나요?"라고 질문했다. 묘사한 상황에는 잘못이 무엇인지, 그로 인한 결과가 얼마나 심각한지, 잘못한 사람이 후속 조치를 했는지 등 몇 가지 중요한 정보가 들어 있었고, 잘못한 사람은 모두 친구나 부모, 상사였다. 예를 들면 이런 식이었다.

"당신이 남의 작품을 표절하지 않았는데 교수가 믿어 주지 않아 퇴학당했다. 나중에 교수가 당신의 말이 사실이었다는 것을 알고 당신의 퇴학을 철회하려고 노력했다."

약 일주일 뒤 동일한 피실험자들에게 2단계 실험을 실시했다. 우선 그들에게 일주일 전에 봤던 상황과 중성적인 단어를 연결시키도록 했다. 상황에 대한 학습과 회상을 거친 뒤 해당 단어를 보여주며 그 단어와 연결된 상황을 떠올리게 했다.

2차 실험 결과, 1단계 실험에서 잘못을 용서하겠다고 대답한 사람의 경우 그 상황과 관련된 단어를 봐도 그때의 상황을 잘 기억하지 못했다. 반면 잘못을 용서할 수 없다고 대답한 사람들은 세부적인 상황까지 비교적 잘 기억했다. 마음속으로 용서하고 상처를 내려놓으면 좋지 않은 기억이 점점 흐려지지만 용서하지 못하면 시간이 흘러도 기억이 또렷하게 남아 있다는 것을 알 수 있다.

아마도 용서하고 싶지 않을 때는 무의식적으로 자세한 기억을 잊지 않으려는 것 같다. 훗날 그 기억을 이용해 상대에게 복수할 기회가 있을지도 모른다는 생각이 잠재돼 있기 때문일 것이다. 한 가지 흥미로운 점은 너그러운 성격을 가진 사람들이 상처받은 기억을 잘 잊는 것은 아니라는 사실이다. 상처받은 기억을 잊는 것은 타고난 용서 성향과는 큰 관계가 없으며 중요한 것은 상대를 정말로 용서했느냐에 있다.

애쓰지 않는 심리 연습
상대가 아니라 나를 위해서 용서하라

누군가를 용서하기 싫을 때 우리는 그가 불행하기를 바란다. 상대가 자신보다 행복하게 살 자격이 없다고 생각한다. 하지만 실제로는 당신만 불행한 경우가 종종 있다. 솔직히 말하면 상대는 이미 당신에게 상처 줬던 일을 까맣게 잊어버렸을 가능성이 높다.

용서는 쉬운 일이 아니다. 하지만 앞의 실험에서도 알 수 있듯이 상대를 용서하면 상처를 잊고 고통스러운 기억에서 벗어날 수 있다. 그래서 심리학자들은 자신에게 상처 준 사람을 용서하고 불필요한 기억을 털어 버려서 고통으로부터 벗어나라고 조언한다. 용서하는 법을 배워야만 홀가분한 인생을 마음껏 누릴 수 있다.

명절 증후군에서
자유롭고 싶을 때

| 지나친 배려의 역효과 |

샤오전은 퇴근하며 거리의 크리스마스트리에 매달린 장식들을 하나하나 눈에 담았다. 빨간 구슬, 초록 구슬, 무지갯빛 LED 전구 등등. 집 근처에서는 어느 식당의 종업원이 전단지를 나눠 주고 있었다. 전단지를 훑어보다가 "크리스마스 시즌 특별 한정 메뉴"라고 적힌 커다란 글씨에서 시선이 멈췄다. 바로 그때 등 뒤에서 캐럴이 울렸다.

"흰 눈 사이로 썰매를 타고 달리는 기분…."

그녀는 그제야 크리스마스가 얼마 남지 않았다는 생각이 들었다. 저녁 메뉴뿐만 아니라 선물도 골라야 하는 것이다!

'크리스마스에 무슨 선물을 주지? 얼마짜리 선물을 사지? 아…
귀찮아.'

크리스마스가 다가오면 24시간 내내 익숙한 캐럴이 귓가를 쟁쟁
하게 울린다. 인종, 종교, 나이를 막론하고 많은 사람이 가족이나
친구들과 모여 맛있는 음식을 먹고 선물을 교환한다. 크리스마스
는 분명히 즐거운 날이다.

그런데 한번 생각해 보자. 크리스마스트리와 캐럴이 끊임없이
일깨워 주지 않아도 우리가 크리스마스를 이토록 중요하게 여길
까? 그것들이 너무도 당연하게 우리 생활에 들어와 있는 탓에 그
뒤에서 열심히 분위기를 띄우는 사람들이 있다는 사실을 쉽게 간
과하는 것은 아닐까?

상품을 팔려는 기업가나 예수의 탄생일을 경축하려는 기독교 신
도가 아니더라도 머릿속에 '크리스마스가 다가온다'는 생각을 갖고
있다면 누구나 크리스마스 분위기를 띄우는 사람일 수 있다. 그런
데 많은 이가 기쁜 마음으로 기다리는 크리스마스 같은 명절이 어
떤 이들에게는 큰 부담이자 우울의 원인이 되기도 한다는 사실을
생각해 본 적 있는가?

상대를 기쁘게 해야 한다는
부담감을 버려라

애나 그린버그와 제니퍼 베르크톨트는 사람들이 크리스마스에 부담을 느끼고, 심지어 '홀리데이 스트레스'라는 신조어까지 만들어 낸 원인이 무엇인지 연구하기 위해 크리스마스 시즌에 18세 이상의 성인 768명을 대상으로 설문 조사를 실시했다.

조사 결과, 응답자의 90~96퍼센트가 명절이 되면 즐겁고 가족과 친구들에게 사랑받고 있다는 기분이 든다고 대답했다. 하지만 긍정적인 감정과 함께 부정적인 감정도 수반됐다. 응답자의 61~68퍼센트가 크리스마스 때문에 스트레스와 피로감을 느낀다고 대답했고, 그중 38퍼센트는 크리스마스가 다가올수록 스트레스도 더 커진다고 대답한 것이다.

크리스마스가 스트레스를 일으키는 주된 요인을 몇 가지 살펴보면, 첫째는 시간 부족이다. 응답자의 67퍼센트가 크리스마스를 앞두고 준비해야 할 것이 많지만 시간이 부족해 스트레스를 느낀다고 답했다. 그리고 62퍼센트는 돈이 부족한 것이 문제라고 답했다.

연구자는 특히 남자보다 여자가 더 큰 스트레스를 느끼는 경향이 있다고 말했다. 사회적인 역할로 볼 때 여자가 집안일을 맡는 경우가 많으므로 명절이 다가오면서 청소, 장보기 등 할 일이 많아지기 때문이다. 흥미로운 점은 남녀를 불문하고 조사 응답자들이 자신에게 가족을 위해 노력할 의무와 책임이 있다고 여긴다는 사실이다.

뜻밖인 것은 '가족들이 한자리에 모이는 것' 때문에 스트레스를 느낀다고 대답한 응답자가 44퍼센트나 된다는 점이다. 어째서 가족들을 만나는 것이 스트레스일까? 평소 가족 관계가 서먹해 명절에 다 같이 모이는 일이 불편하기 때문일 수도 있고, 가족을 너무 중요하게 여기는 바람에 가족이 명절을 즐겁게 지내지 못하면 어떻게 하나 심하게 걱정하기 때문일 수도 있다. 세심함이 스트레스를 낳은 경우다.

크리스마스를 비롯해 여러 명절을 준비할 때 선물을 선택해야 한다는 점도 스트레스의 원인 중 앞 순위를 차지한다. 너무 비싼 선물은 주머니 사정에 타격을 주고, 너무 싼 선물은 버려질 수 있다. 어떤 원칙으로 선물을 선택해야 할까?

비싼 선물일수록 좋다거나 상대의 취향에 맞는 선물을 사야 한다고 생각하는 사람이 많지만 사실 그렇지 않다. 연구에 따르면, '선물하는 사람을 나타낼 수 있는 선물'이 가장 환영받는 선물이라고 한다.

대학생 122명에게 아이튠즈에서 친구나 가족에게 선물할 음악을 구매하게 했다. 한 조는 '상대의 입장에서 생각했을 때 상대를 가장 잘 나타낼 수 있는 곡'을 고르게 했고, 다른 한 조는 '자기 자신을 가장 잘 나타낼 수 있는 곡'을 고르게 했다. 선물 전달이 끝난 뒤 선물을 준 사람과 받은 사람 모두에게 설문 조사를 실시해 선물과 선물 과정이 얼마나 만족스러웠는지, 서로 더 가까워진 기분이 드는지 등을 알아봤다.

음악 취향은 사람마다 매우 다르기 때문에 보통은 상대가 좋아하는 음악을 선택해야 상대가 좋아할 것이라고 생각한다. 하지만 실험 결과는 반대였다. 선물 받은 사람은 '선물한 사람의 개성과 취향이 잘 나타나는 곡'을 받았을 때 가장 좋았고 서로의 관계도 가까워졌다고 느꼈다.

당신도 한번 생각해 보라. 언젠가 손으로 직접 만든 카드를 받았을 때 비록 값비싼 선물은 아니었지만 무척 기쁘지 않았는가? 카드에 선물하는 사람의 개성이 오롯이 담겨 있으며, 카드에 적힌 글로 정말로 상대가 내게 축하한다고 말하고 있는 것 같았기 때문이다.

애쓰지 않는 심리 연습

내 진심을 표현할 수 있는 선물로 족하다

크리스마스 같은 명절이나 기념일에 선물을 준비해야 하는데 무엇을 어떻게 골라야 할지 생각나지 않고 예산도 많지 않다면, 애써 근사해 보이려 고민하지 말고 마음을 보여 줄 수 있는 작은 선물을 준비하자. 완벽해야 한다는 부담감은 스트레스가 돼 선물의 원래 의미가 퇴색되고 주객이 전도된다. 직접 만든 카드나 사진, 쿠키 등을 선물한다면 훌륭한 평가를 받을 것이다.

센스 있는 선물을
준비하는 방법

| 선물의 심리학 |

"이제 곧 크리스마스인데 여자 친구에게 줄 선물은 결정했어?"

"휴! 말도 마. 작년에 머플러를 사 줬더니 집에 머플러가 아주 많다고 하더라. 선물 고르는 건 정말 어려운 일이야."

어디서 많이 들어 본 대화 같지 않은가? 친구의 생일이나 특별한 기념일이 되면 무슨 선물을 주면 좋을지 고민에 빠질 것이다. 이 선물을 상대가 좋아할까? 얼마짜리 선물을 줄까? 선물의 종류를 선택해야 할 뿐만 아니라 선물 받을 친구와의 관계까지 고려해야 하므로 정말 쉬운 일이 아니다.

연구에 따르면 값비싼 물질형 선물보다 체험형 선물이 더 효과적이다. 특히 함께 체험할 수 있는 선물이면 최고다!

물질형 선물이란 예쁜 옷, 명품 백, 액세서리 같은 것이고, 체험형 선물이란 영화 관람, 콘서트 관람 또는 타인의 경험을 공유하는 것이다. 혹은 예전에 했던 경험을 다시 체험하는 것일 수도 있다. 예를 들면 함께 찍은 사진이 가득 든 사진첩을 선물하는 것이다. 받은 사람이 사진첩을 펼쳐 보며 감동과 기쁨을 느끼게 된다. 당신도 상대와의 아름다운 추억을 회상하며 같은 기쁨을 느낄 것이다.

가격대보다 중요한 것,
'무엇을 체험할 수 있는가'

가족, 친구, 동료를 비롯해 누군가에게 선물을 줘야 하는 경우가 종종 있다. 선물은 관계가 돈독해지는 중요한 계기다. 어떤 선물을 어떻게 주느냐에 따라 관계가 더 가까워지기도 하고 멀어지기도 한다. 그러므로 선물의 효과를 높이는 방법을 아는 것이 매우 중요하다.

캐나다 토론토대학교의 신디 챈이 219명을 대상으로 선물을 선택하는 성향을 설문 조사한 결과, 78퍼센트가 물질형 선물을 선택했다. 우리의 경험으로 봐도 충분히 예상할 수 있는 결과다. 그런데 물질형 선물이 정말 가장 좋은 선택일까?

첫 번째 실험에서 참가자 224명에게 1인당 10달러씩 준 뒤 사흘 동안 어떤 선물을 사서 어떻게 줄 것인지 생각해 보게 했다. 고를 수 있는 선물의 종류는 세 가지였다.

- 선물을 주는 사람과 함께 체험할 수 있는 선물.
영화 관람을 할 수도 있고 함께 애프터눈 티를 마실 수도 있다.
- 선물을 받는 사람이 혼자 체험할 수 있는 선물.
영화 티켓을 선물하는 식이다.
- 귀여운 인형이나 예쁜 머그잔 같은 물질형 선물.

그리고 나서 선물을 받은 사람에게 얼마나 마음에 드는지, 그 선물이 그들에게 어떤 영향을 미쳤는지 조사했다. 조사 결과, 모두가 선물이 마음에 들었다고 대답했다. 그런데 선물을 준 사람과 함께 하는 체험이든 혼자 하는 체험이든 체험형 선물을 받은 사람이 모두 상대를 더 가깝게 느끼게 됐다고 대답한 반면, 물질형 선물을 받은 사람에게는 이런 효과가 없었다. 심지어 더 멀게 느껴졌다는 응답자도 있었다.

그렇다면 더 비싼 선물을 받은 경우에는 어떨까? 연구자는 선물의 액수가 결과에 영향을 미치는지 조사하기 위해 선물의 가격을 15달러로 올렸다. 그 결과, 체험형 선물을 받았을 때 관계가 가까워졌다고 느낀 것은 동일했다. 선물의 액수는 가장 중요한 요인이 아니며, 가격과 관계없이 선물을 받은 사람이 긍정적인 체험을 하면 두 사람의 관계가 더 친밀해진다는 것을 알 수 있다.

체험형 선물이 어떻게 이런 효과를 내는 것일까? 연구자는 이것
이 정서와 관련돼 있다고 분석했다. 체험형 선물이 정서적인 반응
을 일으키기 때문이라는 것이다. 예를 들면 사파리 동물원에 가서
느낀 무서움, 록 콘서트에서 느낀 흥분, 온천욕을 한 뒤에 느낀 평
온함 등이 물질형 선물보다 더 잊지 못할 체험을 선사하고 강렬한
감정을 일으킨다.

하지만 물질형 선물이라고 해서 체험을 선사할 수 없는 것은 아
니다. 가령 친구가 예전에 갔던 콘서트의 라이브 CD를 선물한다면
친구와 함께 콘서트를 보러 간 것과 동일한 효과를 얻을 수 있다.
또한 물질형 선물 자체가 정서를 불러일으키는 효과를 내기도 한
다. 재미난 달력이나 추억이 담긴 사진, 사랑 메시지를 새겨 넣은
목걸이 같은 것들이 그렇다. 물질형 선물이지만 체험형 선물처럼
관계를 가깝게 만들 수 있다.

정서를 건드리는 선물이 가장 효과적이다

꼭 비싼 선물을 줘야 상대에게 호감을 줄 수 있는 것은 아니다. 중요한
것은 선물의 액수가 아니라 주는 사람의 성의다. 영화 티켓, 콘서트 티
켓 등 경험을 공유할 수 있는 선물이나 추억을 상기시키는 선물이 가
장 좋은 선물이다. 가령 예전에 같이 일본 여행을 다녀왔다면 일본과

관련된 장식품을 선물해 함께 여행했던 추억을 돌이켜 보며 친밀감을 높일 수 있다.

작은 물질형 선물이라도 그것을 통해 상대와 공유할 경험이나 이야기가 있다면 괜찮다. 또한 사소한 행동이라도 상대가 마음으로 당신의 성의를 느낄 수 있다면 최고의 선물이 될 수 있다.

어른들의 추억을 소환하라

| 추억의 회춘 효과 |

동화《성냥팔이 소녀》를 보면 추운 겨울날 얇은 옷만 입은 채 성냥을 팔던 소녀가 너무 추운 나머지 팔던 성냥으로 불을 켠다. 마지막 남은 한 개비에 불을 붙인 소녀는 자상한 할머니를 떠올리며 마치 할머니 품으로 돌아간 듯한 따뜻함을 느낀다….

할머니, 할아버지의 푸근한 얼굴이나 김이 모락모락 나는 뜨끈한 국을 떠올리자 왠지 마음이 따뜻해지고 매서운 추위도 덜 춥게 느껴진 경험이 있는가? 춥거나 비가 내리는 밤이면 자기도 모르게 아름다운 추억을 떠올리게 되는가?

추억에 젖을 때 실제로 사람의 체온에 변화가 나타나는지 알아보기 위해 심리학자들이 흥미로운 실험을 했다.

홍콩 중산대학교의 교수 저우신웨의 연구 팀이 대학생 19명에게 한 달간 매일 과거를 얼마나 회상했는지 기록하게 했다. 한 달 뒤 그들의 기록과 그날의 기온을 대조해 보니 기온이 낮은 날일수록 과거를 많이 떠올렸다는 것을 알 수 있었다. 하지만 기온 외에도 영향을 미치는 변수가 많기에 더 엄격한 실험이 필요했다. 그래서 대학생 90명을 대상으로 두 번째 실험을 진행했다.

피실험자들에게 각각 저온(섭씨 20도), 적정 온도(섭씨 24도), 고온(섭씨 28도)으로 설정된 방에서 5분간 문제를 풀게 한 뒤 과거를 얼마나 회상했는지 검사했다. 첫 번째 실험과 마찬가지로 저온의 방에서 문제를 푼 사람들이 과거를 더 많이 회상했다. 이로써 추운 곳에 있으면 더 자주 과거를 회상하게 된다는 사실이 증명됐다.

왜 날씨가 추우면 과거의 좋았던 기억을 회상하게 되는 것일까? 아름다운 추억을 떠올리면 마음이 따뜻해지기 때문일까? 심리학자들은 이 호기심의 답을 찾기 위해 12세부터 68세까지 다양한 연령의 사람들 1,000명에게 옛날 노래를 들려준 뒤 과거를 회상할 때 실제로 몸이 따뜻해지는 기분이 드는지 질문했다. 그 결과, 정말로 추억을 회상했더니 몸이 따뜻해졌다고 대답한 사람이 많았다. 그런데 이것은 단순히 심리적인 효과일까, 아니면 정말로 체온에 변화가 나타난 것일까?

이 궁금증을 풀기 위해 심리학자들은 또 한 가지 실험을 했다.

이번에는 피실험자들을 두 그룹으로 나눠 한 조는 오래전 추억을 회상하게 했고, 다른 한 조는 최근의 일상적인 일을 떠올리게 했다. 그런 다음 그들에게 섭씨 약 4도의 얼음물에 손을 담그게 한 뒤 얼마나 오래 참는지 측정했다. 실험 결과, 오래전 추억을 회상한 사람들이 차가움을 참은 시간이 더 길었다. 옛일을 회상하면 몸이 따뜻해져 저온에서 더 잘 견딘다는 사실이 증명된 것이다.

이 몇 가지 실험을 통해 아름다운 추억을 회상하는 일에 기분이 좋아지는 효과도 있지만 실제로 몸이 따뜻해진 것처럼 느껴지는 효과가 있다는 것을 알 수 있다. 그렇다면 자주 추억을 떠올리는 것이 여러모로 도움이 될 것이다.

그런데 머릿속으로 과거를 회상하는 것만이 아니라 실제로 예전 상황을 재연해 보면 어떨까? 더 놀라운 효과가 나타나지 않을까?

과거를 재연하기만 해도
신체 나이가 젊어진다

실제로 노인들이 젊었을 때와 비슷한 환경에서 생활하면 몸이 더 건강해진다는 연구 결과가 있다. 1979년 하버드대학교의 심리학과 교수 엘렌 랭어가 유명한 '시간 되돌리기' 실험을 했다. 심리적인 면에서 봤을 때 20년 전으로 되돌아가는 것이 사람의 건강에 어떤 영향을 미치는지 알아보기 위한 실험이었다.

랭어는 오래된 수도원을 빌려 1959년의 모습을 재연했다. 옛날 장식품을 걸어 놨고 TV와 라디오 프로그램, 책, 잡지 등도 모두 당시 것들이었다. 그런 다음 80세 남성 16명을 모집해 일주일 동안 이곳에서 함께 생활하게 했다. 서로 나누는 대화의 주제도 1959년 이후로 넘어갈 수 없었다. 피실험자를 두 그룹으로 나눠 우선 한 조를 입주시킨 뒤 그들에게 현재형으로 대화를 나누게 했다. 20년 전 시점으로 돌아가서 대화하게 한 것이다. 일주일 뒤에 입주한 다른 조에게는 과거형으로 당시를 회상하는 대화를 나누게 했다.

두 조가 각각 일주일씩 생활한 뒤 검사해 보니, 두 조 모두 청력과 기억력이 현저히 향상됐을 뿐 아니라 체중과 악력이 증가하고 관절의 유연성도 개선되는 등 여러 측면에서 젊어진 것으로 나타났다. 또 실험 전후에 찍은 그들의 사진을 이 실험에 대해 모르는 사람들에게 보여 주며 어느 쪽이 더 젊어 보이는지 물어보자 모든 피실험자가 실험 후에 더 젊어 보인다는 평가를 받았다.

애쓰지 않는 심리 연습
부모의 옛 추억을 함께 즐겨라

이 심리 실험들로 추억이 사람에게 큰 도움이 된다는 사실이 입증됐다. 추억을 회상하면 기분이 좋아지고 따뜻함을 느낄 수 있을 뿐 아니라 마음가짐이 젊어지고 행동과 신체에도 활력이 생긴다. 노인들이 모이기만 하면 젊은 시절 무용담으로 이야기꽃을 피우는 것도 이런 이유 때문일 것이다.

그렇다면 부모님과 오래전 노래를 들을 수 있는 콘서트에 함께 가거나 옛날 영화를 보고 명절에는 예전 사진을 보면서 추억에 잠겨 보는 것은 어떨까? 자신은 경험하지 못한 얘기가 지루할 수도 있지만 부모님에게는 젊어지는 비결이 될 수 있으니 말이다.

어떻게 하면
사랑에 안달복달하지
않을까?

절대 숨어서
짝사랑하지 마라

| 단순 노출 효과 |

어릴 적 소꿉친구로 함께 자라 자연스럽게 연인이 된 남녀가 있었다. 남자가 군에 입대하게 되자 여자는 거의 한 달 치 월급을 들여 편지 봉투 1,096장을 산 뒤 모든 봉투에 우표를 붙이고 자기 주소를 써서 남자 친구에게 줬다. 그리고 매일 한 통씩 자신에게 편지를 써서 보내 달라고 했다. 남자는 약속대로 날마다 편지를 써서 여자 친구에게 보냈다. 2년 뒤 여자는 매일 자신에게 편지를 배달해 주던 우편집배원과 결혼했다.

허우 샤오시엔 감독의 영화 〈연연풍진〉에 나오는 이야기다. 결국 영화는 새드 엔딩으로 끝을 맺는다. 남자 친구의 편지가 매일 만나는 우편집배원을 이기지 못한 것이다. 사실 비슷한 이야기가 많다. 어느 조폭 두목이 감옥에 가면서 부하에게 자기 아내를 잘 보살펴 달라고 부탁했는데 부하가 두목의 아내를 너무 잘 보살핀 나머지 그녀와 사랑에 빠졌다는 이야기도 있다.

왜 이런 일이 생기는 것일까? 연인이나 남편을 기다리지 못한 여자를 탓해야 할까? 그렇지 않다. 앞의 사례에서 군대에 간 남자 친구와 조폭 두목은 심리학에서 말하는 '단순 노출 효과'의 위력을 간과했다는 공통점이 있다.

얼굴 한 번 더 본 사람에게 마음이 간다

1960년대에 스탠퍼드대학교 심리학과의 박사 로버트 자욘스가 한 가지 현상을 발견했다. 사람들이 반복적으로 만나는 사람이나 사물에 호감을 갖기 쉽다는 점이다. 그는 이런 현상이 정말로 있는지 알아보기 위해 몇 가지 심리학 실험을 실시했다.

그는 대학생들에게 한자 몇 글자를 보여 줬다. 물론 그들은 한자를 전혀 몰랐고 그 한자가 의미하는 뜻도 알지 못했다. 그는 각 한자의 노출 횟수에 1회부터 25회까지 차등을 둔 뒤 피실험자들에게 글자들이 무슨 뜻인지 추측해 보게 했다.

실험 결과, 노출 횟수가 많은 한자일수록 좋은 의미가 담겨 있을 것이라는 대답이 많았다. 예를 들면, '위협하다'라는 뜻을 가진 한자 '劫(겁)'을 25회 보여 주자 이 글자가 '행복' 같은 긍정적인 의미를 담고 있을 것이라는 대답이 많았고 '병이 나다', '슬프다' 등의 부정적인 의미일 것이라는 대답은 적었다.

모르는 글자를 여러 번 본다고 해서 그것이 의미하는 뜻을 정확히 알 수 있을 리가 없다. 하지만 많이 접한 글자일수록 긍정적인 의미일 것으로 추측하는 경향이 있다. 반복적으로 볼수록 글자 자체에 호감이 높아지기 때문이다.

자욘스는 이 현상이 사람에게도 적용되는지 궁금했다. 그래서 이번에는 대학생들에게 낯선 사람의 사진을 보여 주며 똑같은 실험을 진행했다. 그러자 역시 노출 횟수가 많은 사진일수록 사진 속인물에 대한 피실험자들의 호감이 증가했다. 이렇게 많이 볼수록호감이 생기는 효과를 '단순 노출 효과'라고 하며 이 효과는 글씨, 그림, 사람, 물건 심지어 음악에도 나타난다!

"물 옆에 있는 누대가 달빛을 먼저 받는다"라는 옛 시구가 일리가 있었다. 순정파 남자 친구의 절절한 편지는 매일 얼굴을 보는우편집배원을 이길 수 없고 조폭 두목의 박력도 날마다 찾아오는부하의 따뜻한 위로를 이기지 못한다. 사실 단순 노출 효과는 매체광고, 선거 홍보 등에 폭넓게 응용된다. 심지어 PPL 광고도 모두 이런 심리 현상을 이용한 것이다.

하지만 심리학자들은 단순 노출 효과가 항상 맞아떨어지는 것은 아니라고 말한다.

첫째, 적당한 노출로 친근감을 줘야 한다. 너무 많은 노출은 오히려 싫증을 일으킬 수 있다.

둘째, 가장 중요한 것은 첫인상이 부정적이면 안 된다는 점이다. 첫 대면부터 반감을 준다면 반복해서 만날수록 오히려 반감이 더 강해질 뿐이다. 간단히 말해서 좋은 첫인상을 주는 것이 무척이나 중요하다.

애쓰지 않는 심리 연습
다가갈 용기가 없다면 우선 얼굴부터 비춰라

마음에 드는 사람이 있다면 절대로 숨어서 혼자 짝사랑만 해서는 안 된다. 그래서는 10년 동안 짝사랑만 하느라 상대에게 작은 인상조차 남기지 못할 수도 있다. 혼자 속앓이만 하기보다는 단순 노출 효과를 잘 이용해 보자.

먼저 상대에게 좋은 첫인상을 심어 주고 나서 여러 가지 방법으로 만날 기회를 만드는 것이 좋다. 아주 가벼운 안부 인사도 좋고 우연을 가장한 만남도 좋다. 그런 짧은 만남을 반복하다 보면 상대의 마음속으로 들어가는 계단을 한 발 한 발 오르게 될 것이다.

'좋아요'를 부르는
단체 사진의 힘

1990년대에 주성치와 공리가 주연했던 홍콩 영화 〈당백호점추향〉의 유명한 장면을 아는가? 당백호가 추향의 이름을 부르자 추향이 사람들 틈에서 돌아보며 생긋 미소를 짓는다. 당백호는 그녀의 외모가 별로 특별할 것 없이 평범하다고 생각하지만 옆에 있던 사람이 그에게 이렇게 말한다.

"미녀는 꽃과 같아서 푸른 잎사귀가 옆에 있어야 더 아름다운 법이지."

그러고는 추향 일행을 향해 "아름다운 아가씨!"라고 외친다. 그러자 추향과 함께 있던 친구들이 일제히 고개를 돌려 쳐다본다. 과연 추녀들에게 둘러싸이자 추향이 선녀처럼 아름답게 보인다.

물론 이것은 관객에게 웃음을 주기 위해 일부러 과장되게 연출한 장면이다. 그런데 추향 옆에 있던 친구들이 일부러 못생겨 보이게 분장한 평범한 여자들이 아니었더라도 추향이 더 예쁘게 보였을까?

무리에 섞일 때
장점이 살아난다

2013년 캘리포니아대학교 샌디에이고 캠퍼스의 심리학과 드루 워커와 에드워드 불이 흥미로운 심리학 연구 결과를 발표했다.

대학생들(대부분이 여자였다)에게 여자 3명이 함께 찍은 사진 100장과 그중 한 사람만 잘라 낸 독사진을 보여 주고 사진 속 여자의 매력과 외모에 점수를 매기게 했다. 실험 결과, 동일한 사람이라도 독사진보다 다른 사람들과 함께 찍은 사진에서 더 높은 점수를 받았다. 똑같은 사진이지만 혼자 있을 때보다 여럿이 함께 있을 때 더 예쁘게 보였던 것이다.

이것이 여성에게만 해당되는 현상일까? 두 연구원은 남자 사진으로 바꿔 동일한 테스트를 실시했고 역시 거의 비슷한 결과가 나왔다. 독사진보다 여럿이 함께 찍은 사진에서 더 잘생기고 매력적으로 보인다는 대답이 많았다.

두 번의 실험 결과로 알 수 있듯이 여자든 남자든 대부분 사진을 혼자 찍었을 때보다 여럿이 함께 찍었을 때 더 매력적으로 보인다. 그렇다면 독사진을 여럿 모아 놓으면 어떨까? 졸업 앨범처럼 독사진이 여러 장 모여 있을 때는 다른 결과가 나올까?

연구자들은 한 사람의 독사진을 다른 사람들의 독사진 4장, 9장, 16장과 함께 놓은 뒤 여럿이 함께 찍은 사진과 어떤 차이가 있는지 조사했다. 이 경우에도 역시 차이가 있었다. 동일한 사람의 사진이라도 다른 사람의 독사진 4장 이상과 함께 놓으면 사람들은 그 사진 하나만 있을 때보다 그가 더 매력적이라고 느꼈다. 같은 독사진이라도 여러 학생의 독사진과 함께 모여 있는 졸업 앨범에서 더 예쁘고 잘생겨 보인다는 뜻이다.

누구든 여러 사람과 함께 있을 때 외모가 더 매력적으로 보이는 이 흥미로운 현상을 '치어리더 효과'라고 한다. 치어리더는 남자든 여자든 모두 뛰어난 외모를 갖고 있는 것 같지만 한 사람씩 따로 떼어 놓고 보면 사실 우리가 생각하는 것만큼 그렇게 매력적이지 않을 수도 있다.

왜 이런 현상이 나타나는 것일까? 아마도 우리가 여러 사람의 외모를 평가할 때 전체적인 외모의 평균 수준을 가늠한 후에 그 평균을 기준으로 각각의 외모를 바라보기 때문일 것이다. 여러 사람이 함께 있으면 못생긴 특징은 저절로 평균화돼 별로 못생겨 보이지 않는 반면 잘생긴 특징은 평균보다 더 부각돼 눈길을 끌게 되므로 모두 실제보다 매력적으로 보이는 것이다!

매력적인 인생 숏은 단체 사진에서 건져라

요즘 스마트폰에는 대부분 카메라 기능이 탑재돼 있다. 그래서 언제 어디서든 쉽게 사진을 찍을 수 있고 잘 나온 사진을 자신의 SNS에 올리는 사람이 많다. SNS에서 '좋아요'를 많이 받고 싶다면 혼자서 외롭게 찍은 독사진보다는 친구들과 함께 찍은 사진을 올리는 것이 더 효과적이라는 것을 앞의 실험 결과를 통해 알 수 있다. 여러 사람 사이에 있으면 자신의 결점이 가려져 원래보다 더 매력적이고 멋지게 보이기 때문이다. 시간이 있다면 다른 사람의 SNS를 방문해 여럿이 찍은 사진과 독사진 중 어떤 사진에서 그들이 더 매력적으로 보이는지 비교해 보는 것도 좋다.

확실한 관계를 원한다면
장소의 힘을 빌려라

| 흔들다리 효과 |

　얼마 전 즈밍이 교통사고로 작은 부상을 입고 병원에 입원했다. 그런데 전화위복인지 그를 간호해 주던 간호사 춘자오를 보고 한 눈에 반해 버렸다. 춘자오도 즈밍에게 호감이 있는 것 같았다. 메신저로 대화를 나누고 그날그날 있었던 일들을 얘기하고는 했다. 하지만 즈밍은 이것이 자기 혼자만의 생각은 아닐까 두려웠다. 몇 번 데이트 신청을 했지만 그녀가 당직 근무를 핑계로 거절했기 때문이다. 그녀가 정말로 바빠서 거절한 것인지, 사실은 그에게 마음이 없는 것인지 알 수가 없었다.

　그러던 중 드디어 그녀가 이번 주말에 만나자는 데이트 신청을 받아들였다. 즈밍은 어렵게 얻은 기회를 놓치지 않기 위해 가장 완벽한 데이트를 계획하기로 했다. 이 만남으로 그녀와의 거리를 좁히고 싶었다. 하지만 어떤 데이트 장소가 좋을지 고민에 빠졌다.

당신이 즈밍의 친구라면 어떤 조언을 해 주겠는가? 다음의 네 가지 중에서 골라 보자.

- 낭만적인 경치가 펼쳐진 교외.
- 신나고 짜릿한 놀이공원.
- 맛있는 음식이 가득한 야시장.
- 고상하고 인문적인 분위기의 카페.

네 곳 모두 데이트하기 좋은 장소지만 이런 애매한 관계를 발전시키려고 할 때 가장 좋은 곳은 어디일까? 다음의 재미난 심리학 실험이 그 해답을 알려 줄 것이다!

심박수가 높아지는
장소로 데려가라

1974년 심리학자 더턴과 아론이 다리 두 개 위에서 실험을 했다. 한쪽은 위험하게 흔들리는 다리고, 다른 한쪽은 튼튼한 석조 다리였다.

우선 남자들이 두 다리를 건너게 하고 다리 중간쯤에 이르렀을 때 그들에게 예쁜 여자를 보내 설문지를 작성하게 했다. 여자는 이름과 전화번호를 알려 주며 실험에 대해 자세히 알고 싶으면 자기에게 전화를 걸라고 했다. 실험 결과는 흥미로웠다. 흔들리는 다리를 건넌 남자 18명 중 9명이 여자에게 전화를 했지만 석조 다리를 건넌 남자 16명 중에서는 단 2명만 전화를 한 것이다.

흔들리는 다리를 건넌 남자들은 긴장감과 공포를 느껴서 심장 박동과 호흡이 빨라졌다. 이것은 정상적인 신체 반응이다. 그런데 그때 여자가 다가가 설문지를 건네며 대화를 걸자 남자들은 심장이 두근거리고 호흡이 빨라진 자신의 반응이 그녀 때문이라고 착각했고 나중에 그녀에게 전화까지 걸게 된 것이다. 반면 석조 다리를 건넌 남자들은 심장이 두근거리지 않았기 때문에 그런 착각이 일어나지 않았다.

이런 현상을 '흔들다리 효과'라고 부른다. 사람들이 종종 자신의 느낌과 반응을 잘못 해석할 때 나타나는 현상으로, 이 실험에서 남자들은 가슴이 두근거리는 생리적 반응이 앞에 있는 여자에게 마음이 끌려 나타난 것이라고 착각했다. 아마도 사람이 기쁨, 슬픔, 분노 등의 심리적 감정뿐만 아니라 생리적 반응과 외부 환경에 대한 지각까지 가능한 한 모든 정보를 종합한 뒤 적당한 해석을 찾기 때문일 것이다. 잘못된 착각이지만 특정한 상황에서는 아름다운 착각이 되기도 한다. 바로 이 실험에서처럼 말이다.

좋아하는 사람과 공포 영화를 보러 갔을 때 가슴이 쿵쿵 뛰고 숨

막힐 듯 긴장되는 것은 옆에 앉은 사람 때문에 마음이 설레서일까, 영화 속 장면이 너무 섬뜩해서일까? 당신의 대뇌가 어떻게 해석하느냐에 달려 있다.

애쓰지 않는 심리 연습
상대의 마음이 궁금하다면 놀이공원에 가자

인간관계란 사람과 사람의 상호 작용, 끌림, 호감 등에 좌우된다. 수학처럼 딱 떨어지는 공식이나 답이 있는 것이 아니라 추상적인 것처럼 보인다. 그러나 앞에 나온 흔들다리 실험을 보면 종잡기 힘든 인간관계에도 과학적으로 해석할 수 있는 몇 가지 현상이 있다는 것을 알 수 있다.

심리학자들은 속마음을 확실히 알지 못하는 상대와 데이트를 할 때는 놀이공원에 가서 신나게 놀며 서로의 심박수를 자극해 보라고 조언한다. 하지만 여기서 주의해야 할 것이 있다. 롤러코스터처럼 너무 자극적인 놀이기구를 타다가 자기도 모르게 이성을 잃고 비명을 지른다면 이미지가 순식간에 추락할 수도 있다. 또 반대로 자신이 상대를 좋아하는지 확실하지 않을 때는 빨라진 심장 박동이 외부 자극으로 인한 것인지 상대에 대한 호감 때문인지 잘 살펴서 판단해야 한다.

좋아하는 사람에게는 밸런타인 초콜릿을

| 단맛의 사랑학 |

    달콤한 디저트는 저항하기 힘든 마력을 갖고 있다. 아이스크림과 초콜릿 퐁듀는 보기만 해도 군침이 고이고 각종 디저트를 파는 카페는 문전성시를 이룬다. 왜 사람들은 달콤한 맛의 유혹 앞에서 힘없이 무너지는 것일까?

    사람이 음식을 먹으면 맛의 정보가 혀에 있는 다양한 미뢰를 통해 대뇌를 거쳐 전뇌의 대뇌 피질로 전달된다. 쓴맛, 짠맛, 단맛 등 여러 미각 신호를 처리하는 곳이 바로 거기에 있다. 그런데 단맛의 신호는 특별히 대뇌의 보상 시스템을 활성화한다. 단맛의 신호가 전달되면 대뇌가 계속해서 "와, 멋져! 조금 더! 조금 더!"를 외치는 것이다. 그래서 사람은 단 음식을 계속해서 먹게 된다.

단맛은 긍정적이고 유쾌하고 즐거운 기분이 들게 한다. 어디 이 뿐인가. 흔히들 '스위트 하트', '허니'처럼 달콤함과 관계된 단어를 연인의 애칭으로 사용한다. 그런데 심리학자들의 연구 결과에 따르면 단맛이 새로운 연애 감정을 자극하기도 한다.

연애 충동을 부추기는 단맛의 힘

심리학자 런둥닝의 연구 팀은 단맛이 '낭만적인 지각'에 미치는 영향을 연구하기 위해 실험을 진행했다. 사람들이 가상의 관계를 상상하거나 누군가를 처음 만날 때 달콤한 음식을 먹으면 상대에게 마음을 열고 낭만적인 감정을 느끼게 되는지 확인하기 위한 실험이었다.

총 3번의 실험 가운데 앞의 두 가지 실험은 동일한 방식으로 진행됐다. 식품 회사의 시식 품평회로 가장해 20세 대학생 155명과 125명을 각각 모집했다. 첫 번째 실험에서는 두 그룹으로 나눠 각각 단맛이 나는 과자와 짠맛이 나는 과자를 먹게 했고, 두 번째 실험에서는 각각 당분이 함유된 음료와 무가당 생수를 먹게 했다. 단맛이 혀에 머무는 시간을 늘리기 위해 모두 천천히 맛을 음미하도록 했다. 음식을 먹고 난 다음 맛과 친밀감, 감정 등에 관한 설문 조사를 실시했다. 예를 들면 "이 음식을 얼마나 달게 느끼나요?", "연인과의 관계가 얼마나 가깝다고 느끼나요?", "지금 기분이 어떤가요?" 등의 질문이었다.

실험 결과, 단맛이 나는 음식을 먹은 피실험자들은 다른 그룹에 비해 연인 관계의 만족도, 신뢰도, 열정, 낭만적인 감정 등이 모두 높게 나타났다. 재미있는 것은 안정적인 연애를 하고 있는 사람에 비해 연인이 없지만 연인이 있다고 상상하고 대답한 경우에 단맛이 그들에게 미친 영향이 현저히 높게 나타났다는 점이다.

여기에서 한 가지 의문이 생긴다. 사람마다 가상의 연애 관계에 대한 상상이 다를 텐데 그들이 정말로 연애 감정을 느꼈다는 것을 어떻게 확신할 수 있을까? 단순히 음식이 맛있어서 기분이 좋아진 것은 아닐까?

이 의문을 확인하기 위해 연구 팀은 대학생 142명을 대상으로 세 번째 실험을 실시했다. 이번에는 연애의 기대감에 대해 질문한 후 몇 가지 인물에 대한 묘사나 사진을 제시하며 마음에 드는 상대를 고르게 했다. 그러면 피실험자들이 연애에 대해 더 구체적인 상상을 할 수 있기 때문이다. 이 실험에서는 두 그룹으로 나눠 스프라이트와 생수를 마시게 한 뒤 성향 평가, 설렘의 정도, 연애 관계 및 감정을 묻는 설문을 실시했다. 예를 들면, "이 관계에 얼마나 설렘을 느끼나요?", "상대와의 친밀감이 얼마나 강할 것이라고 예상하나요?", "상대와 데이트하고 싶은 욕구가 얼마나 강한가요?" 같은 질문이었다.

그 결과, 스프라이트를 마신 사람들이 연애 관계를 상대적으로 높이 평가하는 것으로 나타났다. 단맛이 사람의 감정에 긍정적인 영향을 준다는 사실이 증명된 것이다. 더 재미있는 사실은 스프라이트를 마신 사람들은 연애하고 싶다는 욕구도 더 높게 나타났다는 점이다. 단맛이 사람들에게 연애 충동을 불러일으킨다는 것을 알 수 있다.

애쓰지 않는 심리 연습
마음을 얻고 싶은 상대와 달콤한 음식을 먹어라

단맛은 그저 단순한 맛이 아니다. 사람의 감정에도 영향을 미치고 심지어 연애 감정을 자극하기도 한다. 그러므로 심리학자들은 관계가 애매한 상대와 데이트를 할 때나 모임의 분위기를 화기애애하게 만들고 싶을 때 달콤한 음식이 가득한 디저트 카페에서 만나는 것이 훌륭한 선택이 될 것이라고 조언한다. 달콤한 디저트를 함께 먹으면 기분이 좋아지므로 서로의 관계에도 큰 진전이 생길 것이다!

섹스일까, 사랑일까
그의 진심을 확인하는 법

| 이성의 진심 감별법 |

핑크빛 밤이었다. 장청과 아이전은 친구 소개로 만나 로맨틱한 첫 데이트를 했다. 내성적인 성격의 장청이지만 첫 데이트의 어색한 분위기를 자연스럽게 풀고 아이전을 웃게 만들기 위해 재미있는 화제를 생각해 내려고 노력했다.

장청은 아이전이 마음에 들었다. 하지만 그녀가 마음에 들수록 그녀도 자신을 좋아하는지 궁금했다. 다행히 아이전도 장청에게 호감이 있었고 장청이 자기 환심을 사려고 노력하는 것을 느낄 수 있었다. 하지만 그녀는 조금 두려웠다. 장청이 진심으로 자기를 좋아하는지, 아니면 그저 하룻밤 즐길 상대로 생각하는지 알 수 없었기 때문이다.

관계가 이렇게 애매한 단계에서는 양쪽 모두 기대와 걱정을 동시에 품게 된다. 상대가 정말로 자신을 좋아하는지, 어느 한 부분만 좋아해서 나중에 자신이 상처 입게 되는 것은 아닌지 걱정한다. 몇몇 심리학자의 연구가 이 고민의 해답을 알려 줄 것이다.

웃음의 횟수와 시선의 방향으로
상대의 마음을 확인하라

2015년 심리학자 제프리 홀이 미혼이고 이성애자이면서 서로 처음 만나는 남녀를 2명씩 짝지어 단둘이 20분 동안 대화를 나누게 한 뒤 상대에게 호감을 느꼈는지 조사했다.

조사 결과, 남자가 재미난 얘기를 들려줘 여자가 웃은 횟수가 많을수록 여자가 남자에게 호감을 더 많이 느꼈다고 대답했다. 하지만 성별이 바뀐 경우에는 그런 효과가 나타나지 않았다. 또 두 사람이 함께 웃은 횟수가 많을수록 서로에게 호감을 느꼈다는 답변이 많았다. 웃음이 남자를 향한 여자의 호감을 확인하는 가장 정확한 관찰 지표라는 것을 알 수 있다.

남자들은 상대가 얼마나 웃는지 살펴보는 방법으로 그녀가 당신에게 호감이 있는지 없는지 알 수 있다. 그녀가 즐거울수록 데이트 효과가 상승한다. 그러므로 좋아하는 여자 앞에서 쿨한 척 과묵하게 있거나 자신의 전문 지식을 과시하는 것은 금물이다. 핵심은 그녀를 웃게 만들어야 한다는 것이다. 여자들도 너무 조심스러워하지 말고 상대가 당신을 즐겁게 해 주려고 노력한다면 즐거운 감정을 적당히 표현해 주는 것이 중요하다.

남자가 유머러스함으로 상대의 마음을 들여다보려고 할 때 여자들은 남자의 감정이 사랑인지 성적 욕망인지 궁금해한다. 심리학자의 연구에 따르면 남자의 시선이 향하는 곳과 시선이 머무는 시간을 관찰하면 남자의 속마음을 들여다볼 수 있다.

시카고대학교의 심리학과 교수 스테파니 카시오포가 낭만적인 사랑의 감정과 성욕의 감정이 나타났을 때 시선과 관심이 쏠리는 부위에 차이가 있는지 알아보는 실험을 실시했다. 대학생들에게 매력적인 이성의 사진을 보여 줬다. 연인이 달콤한 분위기에서 서로를 바라보는 사진도 있었고 매력적인 이성이 마치 피실험자를 쳐다보듯 도발적인 분위기로 카메라를 응시하는 사진도 있었다. 그러고 나서 피실험자들에게 각 사진 속에 있는 사람들에게 사랑을 느끼는지 성적 욕망을 느끼는지 조사했다.

실험 결과, 로맨틱한 사랑이든 성적 욕망이든 그 감정을 인식하는 시간은 거의 비슷했지만 눈동자가 이동하는 위치와 머무는 시간에는 큰 차이가 있었다. 피실험자가 자신의 감정이 사랑이라고 느낄 때는 그들의 시선이 대부분 상대의 얼굴을 향했고 다른 부위에 머무는 시간은 짧았다. 하지만 자신의 감정이 성적 욕망이라고 느낄 때는 시선이 한곳에 머물지 않고 여러 부위로 움직였으며 얼굴에 머무는 시간과 몸에 머무는 시간이 절반씩이었다. 피실험자가 남자든 여자든 결과는 동일했다.

그러므로 이성과 처음 데이트할 때 상대의 시선이 당신의 얼굴에 많이 머문다면 상대가 당신에게 사랑을 느낀다는 뜻이고, 반대로 당신 몸의 여러 부위로 움직인다면 상대가 당신에게 성적 욕망을 느낀다는 뜻이다. 이 현상은 상대를 만난 지 몇 분 만에도 일어날 수 있으므로 상대의 감정을 금세 알아낼 수 있다.

애쓰지 않는 심리 연습
그의 눈동자는 거짓말을 하지 않는다

상대와 관계를 발전시킬 가능성이 있는지 궁금한 남자들은 유머 감각을 최대한 발휘하며 상대의 얼굴에 화사한 미소가 번지는지 관찰하라. 그러면 당신에게 얼마나 호감을 느끼는지 알 수 있을 것이다.

여자들도 마찬가지다. 밤을 새며 별자리점에 매달릴 필요 없이 상대가 당신의 얼굴을 응시하는지 몸을 훑어보는지 관찰하기만 하면 당신에 대한 그의 감정이 사랑인지 단순한 흥미인지 알 수 있다. 눈은 마음의 창이라는 말도 있지 않은가. 더욱이 남자의 눈은 입보다 더 솔직하다!

이제 막 시작한 연인이
주의해야 할 것

| 연애 초기 주의력 결핍 증상 |

수홍과 샹이는 이제 막 사귀기 시작한 연인이다. 둘 사이의 감정이 점점 무르익어 그들은 날마다 달콤한 말을 속삭이는 열애 단계로 들어가고 있다. 온종일 서로에 대한 생각이 머리를 떠나지 않고 가끔은 출근길 버스 안에서 자기도 모르게 배시시 미소를 짓다가 얼굴이 빨개지기도 한다.

하지만 하루 종일 연인 생각에 빠져 있는 그들 때문에 동료와 친구들의 인내심이 점점 바닥나고 있다는 사실을 그들은 알지 못했다. 두 사람 모두 협동이 필요한 일에도 집중해서 참여하지 못해 동료들의 빈축을 사고 있었다.

사랑에 푹 빠진 사람의 머릿속은 어떤 모습일까?

사랑에 빠지면
바보가 된다

레이던대학교의 교수 행크 반 스틴베르겐의 연구 팀은 사랑에 빠졌을 때 대뇌의 인지적 통제, 즉 주의력에 대해 알아보는 실험을 했다. 그들은 사랑에 빠졌을 때 사람의 대뇌가 다른 사물보다 연인에게 더 주의력을 쏟는지 알아보고자 했다.

실험은 18~27세의 피실험자 43명을 대상으로 진행됐다. 실험에 참여한 사람들은 모두 연애를 시작한 지 6개월 미만으로 한창 뜨거운 사랑에 빠져 있었다. 연구 팀은 처음 10분 동안 실험에 대해 설명한 뒤 그들에게 연애 감정에 대한 설문지를 작성하게 했다. 설문 내용은 대부분 그들이 현재 느끼는 연애 감정을 상상하고 생각하게 하는 것이었다. 설문지를 작성하는 동안 그들이 직접 준비해 온 가장 낭만적인 사랑 노래를 계속 들려줬다. 달콤한 노래를 들으며 연애 감정을 돌이켜 생각하게 함으로써 그들이 핑크빛 감정에 푹 빠지게 한 것이다.

설문지 작성이 끝난 다음 그들에게 '수반 자극 과제'와 '스트룹 과제'를 수행하게 했다. 두 가지 과제 모두 집중력을 필요로 하는 과제였다.

수반 자극 과제

피실험자가 표적을 향해 반응할 때 좌우의 방해물이 반응 시간에 영향을 미친다. 이때 표적과 방해물이 상이한 경우, 예를 들면 표적이 왼쪽을 가리키는 화살표고 방해물은 오른쪽을 가리키는 화살표인 경우 반응 시간이 길어진다. 대뇌가 방해물을 억제하는 데 주의력을 할애해야 하기 때문에 표적에 반응하는 시간이 느려지는 것이다.

스트룹 과제

단어의 의미와 색상이 불일치하는 경우 질문에 대답하는 시간이 느려진다. 색상과 단어의 의미가 다를 때 피실험자가 대답하는 속도가 느려지고 오류율이 높아진다. 반대로 단어의 의미와 색상이 일치하는 경우에는 반응 속도가 단축된다.

실험 결과, 연애에 관한 설문지 작성에서 높은 점수를 얻은 사람일수록 집중력을 요하는 과제에서 쉽게 방해를 받는 것으로 나타났다. 사랑에 푹 빠진 사람들은 집중력이 떨어지고 주의력이 쉽게 분산되는 것이다.

연구 팀은 사랑에 깊이 빠진 사람일수록 주의력의 대부분을 연인 생각에 쏟기 때문에 다른 일에 깊이 집중하지 못하고 쉽게 방해를 받는다는 결론을 내렸다. 다행스러운 점은 연애 초기에만 이런 현상이 나타나고 연애가 안정기로 접어들면 주의력도 다시 안정된다는 사실이다.

사랑이 뜨거울수록 업무의 더블 체크는 필수다

위의 실험을 통해 달콤한 사랑에 빠지는 것이 행복한 일이기는 하지만 연애 초기에는 사랑 때문에 다른 일에 집중하기 힘들다는 것을 알 수 있다. 그러므로 사랑에 빠졌을 때는 연애의 행복감 때문에 중요한 일에서 실수를 저지르지 않도록 주의해야 한다. 심리학자들은 사랑에 빠진 사람일수록 업무 리스트를 적어 놓고 시간을 배분한 뒤 계획표에 맞춰 일하면서 업무 효율과 완성도를 높여야 한다고 조언한다. 그래야만 연인을 생각하다가 다른 일을 그르치는 우를 피할 수 있다.

오래가는 연인은
연애관이 다르다

| 소울메이트 vs. 여행의 동반자 |

당신은 주말 저녁에 로맨스 영화 두 편을 봤다.

첫 번째 영화는 여자 주인공의 순탄치 않은 사랑 이야기였다. 그녀에게 프러포즈하는 남자는 많았지만 그녀는 늘 상대가 자기 마음의 비어 있는 퍼즐 조각을 맞춰 줄 수 없다고 느꼈다. 그러던 어느 날 2박 3일 동안의 캠핑에서 한 남자를 만났다. 그는 유머러스했고 남다른 시각으로 세상을 바라봤다. 그의 눈가에 걸린 미소가 마치 꿀이 한 방울 떨어지듯 그녀의 마음속에 파문을 만들었다. 그녀는 마침내 자신이라는 퍼즐이 완성되는 기분을 느꼈다.

두 번째 영화는 같은 직장에서 일하는 남녀의 이야기였다. 그들은 한 직장의 각각 다른 부서에서 일했고 그다지 친하지 않은 사이였지만 어떤 프로젝트 때문에 함께 해외 출장을 가게 됐다. 처음에는 성격 차이 때문에 오해와 의견 충돌이 있었지만 프로젝트에 위기가 닥치자 힘을 합쳐 해결하고 일을 성사시켰다. 남자는 그녀에게 특별한 감정을 느끼게 됐고 마침내 그들 사이에 사랑의 화학 반응이 일어났다.

두 편 모두 1시간 반도 되지 않는 짧은 영화다. 하지만 인생은 영화보다 훨씬 길다. 영화 주인공들을 현실로 데려와 수십 년 동안 살게 한다면 백발이 성성한 노인이 돼서도 연애를 막 시작하던 그때처럼 서로의 관계에 만족할까?

두 가지 애정관,
소울메이트와 여행 동반자

애정 관계에 대해 연구할 때 연구자들이 가장 흔하게 제시하는 두 가지 애정관이 있다. 그중 하나는 사랑하는 애인을 '소울메이트'로 생각하는 것이다. 아리스토텔레스는 "친구란 두 개의 몸에 깃든 하나의 영혼이다"라고 말했지만 이는 연인 관계에도 그대로 통용된다. 이런 사람들은 서로의 연결감을 가장 중요하게 여기고 상대가 자신에게 가장 완벽한 반쪽이라고 생각한다.

다른 하나는 연인을 '여행의 동반자'로 생각하는 것이다. 이런 사람들은 두 사람이 얼마나 오랫동안 함께할 수 있는지, 얼마나 많은 일을 함께 경험하는지를 가장 중요하게 생각한다. "하나님과 지금 이 자리에 오신 하객들 앞에서 맹세합니다. 당신의 아내/남편으로서 앞으로 인생이 순탄할 때든 힘들 때든, 부유할 때든 가난할 때든, 건강할 때든 병들고 아플 때든, 기쁠 때든 슬플 때든, 영원히 당신을 아끼고 사랑하고 당신에게 충실하겠습니다"라는 결혼 서약처럼 말이다.

한 심리학자가 애정관에 따라 연인 관계에 대한 평가가 어떻게 달라지는지, 다툴 때나 기쁜 일이 있을 때 연인 관계의 만족도에 어떤 차이가 있는지 알아보기 위해 실험을 실시했다. 연구자는 연애 기간이 6개월 이상 된 73명을 대상으로 그들이 느끼는 연인 관계의 만족도를 조사했다.

우선 피실험자 73명을 네 그룹으로 나눠 각각 '소울메이트: 다툼 회상 조', '소울메이트: 자축 회상 조', '여행 동반자: 다툼 회상 조', '여행 동반자: 자축 회상 조'로 정한 뒤 짧은 설문지를 작성하게 했다. 설문 내용은 사랑을 정의하는 몇 가지 말을 제시하며 그 말을 들어 봤는지 묻는 것이었으며, 이는 각 조의 연인 관계에 대한 상황 정보를 설정하기 위한 것이었다. 그다음 피실험자들에게 연인과 다툰 일 또는 자축한 일을 적게 한 후 연인과의 관계에 대한 만족도와 자기 생활의 만족도를 1~11점으로 평가하게 했다. 1은 '매우 불만족', 11은 '매우 만족'이다.

실험 결과를 분석해 보니, 상대를 여행 동반자로 생각하는 사람들은 다툰 일을 적었든 자축한 일을 적었든 관계없이 모두 연인 관계에 높은 만족도를 나타냈다. 반면 상대를 소울메이트로 생각하는 사람들은 다툰 일을 적은 경우가 자축한 일을 적은 경우보다 연인 관계의 만족도가 현저히 낮게 나타났다.

또한 똑같이 다툰 일을 적은 경우에도 소울메이트 조보다 여행 동반자 조가 연인 관계의 만족도가 현저히 높았다. 이 결과를 종합적으로 살펴보면 연인을 여행 동반자로 생각하는 사람들은 어떤 일이 발생했든 연인 관계에 대한 만족도가 더 높고 안정적이라는 것을 알 수 있다.

다만 생활에 대한 만족도 조사에서는 네 그룹의 결과에 큰 차이가 없었다. 애정관이 연인 관계에 대한 평가에는 영향을 미치지만 생활의 만족도에는 영향을 미치지 않는 것이다.

심리학자들은 이 결과를 조금 더 깊이 있게 해석했다. 사랑을 완벽한 결합이라고 생각하는 사람들은 연인을 자신의 완벽한 반쪽이라고 여긴다. 그래서 다툼이 생기거나 힘든 일이 닥치면 연인이 생각만큼 완벽하지 않다는 것을 깨닫고 서로의 관계에 만족하지 못하는 것이다. 하지만 연인과 함께하는 경험을 중요하게 여기는 사람들은 충돌과 역경을 비교적 잘 극복하는 편이다. 연인과 다투거나 힘든 일이 닥쳤을 때 그것을 두 사람이 서로 맞지 않는 탓으로 돌리지 않고 사랑이라는 여정 위에서 만나는 작은 경험이라고 생각하기 때문이다.

요컨대 사랑을 완벽한 결합이라고 생각하는 사람들은 자신의 완벽한 반쪽을 찾으려 하지만, 연인과 함께하는 경험을 중요하게 생각하는 사람들은 백년해로할 수 있는 사람을 찾으려 하기 때문에 기쁠 때든 힘들 때든 함께 힘을 합쳐서 극복할 수 있는 것이다.

연인 관계에 만족도가 높으면 어떤 장점이 있을까? 미국 베일러 대학교에서 734명을 대상으로 설문 조사를 실시한 결과, 연인 관계에 만족도가 높은 사람들은 연인과 다퉜을 때 어떤 방식으로든 소통해서 서로의 문제를 비교적 잘 해결했다. 반면 연인 관계에 만족도가 낮은 사람들은 갈등을 잘 해결하지 못했다. 그러므로 연애할 때 연인 관계의 만족도가 매우 중요하며 순조로운 연애를 원한다면 감정을 효과적으로 조절하는 법을 배워야 한다.

애쓰지 않는 심리 연습
사랑을 긴 여행이라고 생각하자

누구나 자신의 운명적인 반쪽을 만나고 싶어 한다. 하지만 그보다 먼저 자기 마음을 잘 조절하는 것이 중요하다. 연인을 자신에게 완벽하게 맞춰진 영혼의 반쪽으로 생각해서는 안 된다. 세상 모든 사람은 유일무이한 존재이며 어릴 적부터 받은 교육도 다르고 가치관과 생활 습관 모두 다르다.

연애 기간이 길어지면 서로 충돌하는 시기가 있게 마련이고, 그러면서 상대가 연애 초기에 생각했던 것만큼 자신과 잘 맞지는 않는다는 것을 알게 된다. 아무리 잘 맞는 연인이라도 의견이나 가치관이 상충하는 때가 있는 법이다. 그럴 때 가장 중요한 것은 두 사람이 문제를 어떻게 해결하는가에 있다.

사랑을 여행이라고 생각하면 두 사람이 함께하는 경험을 중요하게 여기게 된다. 그리고 여러 번 시련을 거쳐 관계가 단단해지고 나면 가끔 예전 일을 돌이켜 생각할 때 그것이 설령 다툼이었다 해도 단단한 사랑의 증거이자 소중하고 의미 있는 추억으로 기억될 것이다.

눈빛만 봐도
통한다는 착각

진제와 아이미는 친구의 생일 파티에서 만나 연인 사이로 발전했다. 몇 년 동안 안정된 연애를 하고 있기는 하지만 여느 연인처럼 사소한 일로 말다툼을 할 때가 종종 있다. 한번은 야경을 보러 산에 갔다가 이런 일이 있었다. 아이미가 바람이 많이 분다고 말하자 진제가 이렇게 대답했다.

"바람이 조금 불기는 하지만 이 정도는 괜찮아."
"바람이 많이 분다고!"
"알아. 두 번 말하지 않아도 돼."
"…."

당신이 보기에 여자의 행동이 이상한가? 추우면 그냥 춥다고 말하면 되는데 왜 분명히 말하지 못하는 것일까? 아니면 남자가 너무 눈치가 없다고 생각하는가? 이렇게 분명한 언질도 알아듣지 못하는 그가 답답한가? 일반적으로 연인이든 친구든 오랫동안 사귄 사이라면 말하지 않아도 서로의 마음을 잘 알 것이라고 생각한다. 그런데 정말로 그럴까?

상대는 내 말을
반도 못 알아듣는다

시카고대학교의 교수 사비츠키는 상대와 잘 아는 사이일 때와 모르는 사이일 때 정보 전달 효과에 차이가 있는지 알아보기 위해 한 가지 실험을 진행했다. 결혼 10년 차 이상인 부부들을 두 쌍씩 한 조로 묶어 실험 대상으로 삼았다. 같은 조 안에 잘 아는 사람과 낯선 사람이 모두 포함되도록 한 것이다.

그런 다음 피실험자들이 같은 조에 있는 사람이 애매하게 한 말의 뜻을 추측하게 했다. 말하는 사람을 제외한 나머지 3명이 네 가지 지문 중에서 말의 의미를 선택하는 방식이었으며 대부분 일상 대화에서 흔히 나올 수 있는 말이었다. 예를 들면 한 사람이 "뭐가 그렇게 바빠?"라고 물으면 나머지 3명이 '늦게 온 것을 나무라고 있다', '상대의 생활에 관심이 많다', '상대의 외도를 의심하고 있다',

'약속한 데이트에 무엇을 할 것인지 궁금해하고 있다' 중에서 하나를 고르는 식이다. 또 말하는 사람이 다른 3명에게 느끼는 신뢰감을 조사했다. 신뢰감이 높을수록 자신이 전달하는 의미를 잘 이해할 것이라고 믿는다는 뜻이었다.

실험 결과, 애매한 말을 이해하는 정도는 부부나 낯선 사이나 차이가 거의 없었다. 서로의 친밀도가 메시지 전달 효과에 영향을 주지 않는다는 의미였다. 문제는 말하는 사람은 자기 배우자가 자기 생각을 더 잘 이해할 것이라고 믿는다는 점이었다. 하지만 실험 결과는 그렇지 않았다. 말하는 사람이 배우자의 이해력을 과대평가했던 것이다.

많은 사람이 배우자나 친구의 이해력을 과대평가하고 상대가 자기 말에 담긴 뜻을 당연히 알아들을 것이라고 착각한다. 이것이 바로 소통에 문제가 생기는 원인이다. 친밀한 관계 때문에 소통의 효과를 과대평가하는 이런 현상을 '친밀함과 소통의 편견'이라고 부른다.

사비츠키는 친구 사이에도 이런 친밀함과 소통의 편견이 나타나는지 알아보기 위해 교수 케이자와 실험을 했다. 그들은 대학생 144명을 2명씩 짝지어 앉게 한 후 각자에게 가로 4칸, 세로 4칸짜리 표를 보여 줬다. 표의 각 칸마다 물건이 하나씩 들어 있었는데 한 학생이 명령을 내리면 다른 학생이 명령에 따라 물건을 다른 곳으로 이동시켜야 했다. 그런데 표 안의 물건 중 몇 개는 말로 설명하기 애매한 것들이었다. 또 명령을 받는 학생만 모든 물건을 다 볼 수 있고 몇 가지 물건은 명령하는 학생에게 보이지 않았다.

연구 팀은 눈동자의 위치와 운동을 측정하는 기계를 이용해 물건을 옮기는 학생의 시선 방향과 각각의 물건을 옮기는 데 걸리는 시간을 관찰했다. 실험 결과, 옮기려는 물건의 명칭이 애매한 경우 두 사람이 친구 사이일 때와 낯선 사이일 때 결과가 다르게 나타났다. 예를 들어, '과일을 옮기라'는 명령을 받았을 때 표 안에 바나나와 수박이 있고 명령한 학생에게는 바나나만 보인다는 것을 알고 있다면 어떤 상황이 일어날까?

두 사람이 친구 관계인 경우 명령을 받는 학생은 바나나와 수박 사이에서 고민하느라 물건을 옮기는 시간이 길어졌다. 명령한 학생에게 바나나만 보인다는 것을 알면서도 시선이 수박으로 옮겨가는 횟수가 많았다. 친구의 정보가 자신의 정보와 다르다는 사실을 간과한 채 자신의 관점에서 생각하고 자기중심적으로 이해했던 것이다. 하지만 서로 모르는 사이에서는 명령받은 학생의 시선이 거의 바나나에 집중됐으며 물건을 옮기는 데 걸리는 시간도 짧았다. 명령하는 사람의 관점에서 상황을 판단했던 것이다.

친한 친구 사이에서는 친하다는 이유 때문에 사물과 사건을 바라보는 관점도 같다고 믿는 경향이 있다. 얼핏 들으면 좋은 얘기 같지만 현실에서는 종종 상대의 상황을 고려하지 않고 자기중심적으로 이해하려는 경우가 있을 수 있다. 친한 사이에 나타나는 소통의 오류는 거의 이런 이유 때문에 발생한다.

부부나 친구 관계가 오래되면 서로 성향이 비슷해진다. 그렇더라도 '우리는 비슷하다'는 이유로 소통을 소홀히 해서는 안 된다. 오해가 생겨 우정과 사랑에 지워지지 않는 상처를 남길 수 있다.

이 연구는 친한 관계가 오히려 소통을 가로막는 장애물이 될 수 있다고 경고하기 위한 것이 아니다. 당연히 관계의 친밀감이 소통에 도움이 된다. 이 연구는 "물은 배를 띄우기도 하지만 뒤집기도 한다"라는 이치를 일깨운다. 사람은 친한 사이일수록 상대의 이해력을 과대평가하는 경향이 있어서 자기도 모르게 자기중심적으로 생각하고 소통하게 된다. 친하다는 이유로 묵계에 의존하며 상대가 당연히 자기 생각을 알 것이라고 자만하는 것이다. 그 때문에 친한 관계가 오히려 소통의 오류를 낳는 원인이 된다.

애쓰지 않는 심리 연습
자기 생각을 정확하게 표현하라

사랑이든 우정이든 맺기 힘든 것이므로 소중히 여겨야 한다. 서로 친하고 잘 안다는 자만심 때문에 관계가 소원해져서야 되겠는가? 그러므로 심리학자들은 친한 친구나 부부 간의 대화일수록 상대의 이해력을 과대평가하지 말고 자기 생각을 정확하게 표현하는 것이 불필요한 오해와 다툼을 줄이는 방법이라고 조언한다. 진정한 사랑과 우정일수록 오히려 상대를 향한 존중과 이해가 반드시 필요한 법이다.

새로운 사람이
눈에 들어올 때

| 유혹과 지조의 방정식 |

로맨틱한 음악이 흐르는 바에서 술을 마시고 있다. 그런데 섹시한 이성이 당신을 향해 다가와 귓가에 대고 이렇게 속삭인다.

"어디서 많이 본 것 같아요. 우리가 어디서 만났죠?"

고전적인 수법이지만 당신은 아직 자기 매력이 죽지 않았음에 기뻐하며 속으로 쾌재를 부른다. 이런 유혹에 가슴이 설레는 것은 자연스러운 일이지만 당신은 곧 잊어서는 안 되는 한 가지 사실을 떠올린다. 당신에게는 이미 연인이 있다는 사실을. 설령 그가 야근 중이고 오늘 밤이 당신 혼자만의 것이라고 해도 말이다.

누구나 자신이 매력적이고 이성에게 인기 많은 사람이기를 바란다. 하지만 대다수가 안정적인 관계를 위해서는 연인에게 충실하고 다른 사람의 유혹에 넘어가지 않아야 한다는 사실도 안다. 심리학자들은 사람들이 이성의 유혹을 받을 때 어떤 반응을 보이는지, 현재 연인과의 관계에 어떤 영향을 받는지 알아보는 연구를 진행했다.

캐나다 맥길대학교의 심리학과 교수 존 라이던은 안정적으로 연애 중인 대학생 724명을 대상으로 매력적인 이성이 나타났을 때 어떤 반응을 보이는지 조사하기 위해 일곱 가지 실험을 진행했다.

그중 한 가지 실험에서 남성 71명에게 각각 매력적인 여성을 소개해 줬다. 그녀는 피실험자 중 절반에게는 자신이 솔로라고 밝히며 유혹했고, 나머지 절반에게는 자신에게 애인이 있다고 말하며 냉정하게 대했다.

남자들이 각각 그녀와 대화를 나누게 한 후 설문 조사를 했다. 질문 내용은 연인이 자신을 몹시 화나게 했을 때 어떻게 반응하겠느냐는 것이었다. 거짓말로 데이트 약속을 취소하거나 과거의 난처했던 경험을 다시 들췄을 때로 예를 들 수 있겠다. 실험 결과, 솔로인 여성의 유혹을 받은 남성들은 연인을 용서하겠다는 대답이 다른 조에 비해 12퍼센트 낮게 나타났다. 상대적으로 연인을 용서하지 못했던 것이다.

그렇다면 여성은 어떨까? 여성 58명을 대상으로 동일한 실험을 해 보니 정반대의 결과가 나왔다. 솔로인 남성의 유혹을 받은 여성들이 연인을 용서하겠다는 대답이 17.5퍼센트 높게 나타났다.

왜 이런 결과가 나왔을까? 남자들이 상대적으로 이성의 유혹에 약해서일 수 있다. 하지만 그보다는 이성의 유혹에 대한 남녀의 해석 차이 때문일 수도 있다. 남자들은 매력적인 이성의 유혹이 연인 관계에 위협이 된다고 생각하지 않지만, 여자들은 연인 관계를 위협한다고 생각해서 저절로 경계심이 생기는 것이다.

방해자로부터
내 남자를 지키고 싶다면

그런데 남성들도 이성의 유혹이 연인 관계에 위협이 된다고 생각하면 당연히 현재 연인 관계를 보호하려고 하지 않을까? 연구 팀은 남성들이 교육을 통해 이성의 유혹이 현재 연인과의 관계를 깨뜨릴 수 있음을 알게 되면 이성의 유혹에 저항하는 법을 배우게 될 것이라는 가설을 세웠다. 그리고 이를 검증하기 위한 실험을 했다.

남성 40명을 대상으로 먼저 그들에게 연인과의 관계에 해를 끼치는 상황들을 상상하게 했다. 예를 들면 매력적인 여성의 유혹 등이다. 그런 다음 현재 연인과의 관계를 지키기 위한 방법을 적어보게 했다. 예를 들면 무미건조한 대화로 이성의 유혹을 차단하는 것 등이다. 그 결과 과연 교육과 훈련을 받은 남성들은 매력적인 여성에게 경계심을 유지했다. 상대적으로 여성들은 특별한 훈련을 받지 않아도 이성의 유혹을 경계하고 저지하려고 노력했다. 아마도 여자들은 매력적인 이성이 어떤 부작용을 가져올 수 있는지 사회화를 통해 이미 습득했기 때문일 것이다.

이 실험을 통해 현재 연인에게 충실한 남자라도 다른 이성의 유혹을 피하기 위한 적절한 전략이 필요하다는 것을 알 수 있다. 위 실험이 100퍼센트 정확하다고는 할 수 없지만 이성의 유혹 앞에서 무방비했던 남자의 비율이 여자보다 현저히 높았던 것은 현실이니 말이다.

애쓰지 않는 심리 연습
방해자의 등장을 함께 대비하라

이성의 유혹이 로맨틱한 상상을 자극하고 자신감을 북돋워 주기는 하지만 이미 안정된 연애를 하고 있다면 이성의 등장에 각별히 주의하고 거리를 유지해야 한다. 이는 특히 남성들을 향한 충고다. 자신의 자제력을 과대평가하는 것은 절대로 금물이다. 자기도 모르는 사이에 상대가 당신과 연인의 관계를 위협할 수도 있기 때문이다.

심리학자들은 연인들에게 다른 이성의 유혹으로 발생할 수 있는 불상사를 미리 예상하고 사전에 대응할 수 있는 방법을 준비해 둬야 할 뿐 아니라, 매력적인 이성을 만난다면 현재 연인의 장점을 새롭게 발견하거나 함께 보낸 아름다운 추억을 되새기는 등의 노력을 기울여야 한다고 조언한다.

헤어진 연인을
밀어내지 못하는 이유

| 문간에 발/머리 들여놓기 |

　고등학생 때부터 단짝 친구인 모리와 산루는 무슨 일이든 속마음을 다 털어놓는 사이였다. 둘 사이에는 비밀이 없었다. 최근 두 사람은 모두 남자 친구에게 이별을 통보했는데 남자 친구가 다시 만나 달라고 매달리고 있었다. 어느 날 둘이 카페에 앉아 얘기를 나누다가 산루가 물었다.

　"너 지난달에 남자 친구가 다시 잘해 보자 했다고 했잖아. 어떻게 됐어?"
　"각자 생각할 시간이 필요할 것 같으니 당분간 친구로 지내자고 했어. 하지만…."

모리가 한숨을 내쉬자 산루가 상체를 바짝 당기며 물었다.

"왜 그래? 무슨 일 있어?"
"지난주에 남자 친구가 전화를 걸어 집 앞으로 나오라고 하더라. 내 외투를 돌려주러 왔다면서. 난 정말 외투만 받아 오려고 했어."
"그래서 어떻게 됐어?"
"막상 만나니까 남자 친구가 불쌍한 표정으로 내가 너무 보고 싶었다면서 다음 날 같이 저녁을 먹자는 거야."

모리가 고개를 푹 숙이며 말했다.

"그러고 싶지는 않았지만 나도 모르게 그러자고 했어. 내가 왜 그랬는지 나도 모르겠어."
"요구가 점점 커졌구나? 넌 마음이 너무 약해서 탈이야!"
"놀리지 마. 너도 네 남친이 다시 만나고 싶어 한다면서?"
"누가 아니래. 어제도 전화해서 시간 있느냐고 묻더라. 1박 2일로 바다 보러 가자면서."
"어머, 그건 좀 심했다. 헤어진 사이에 1박 2일 여행이라니! 그래서 뭐라고 했어?"
"뭘 뭐라고 해? 당연히 거절했지."
"그랬더니 뭐래?"

"말도 안 되는 얘기라는 걸 자기도 알았겠지. 그러니까 이러더라. '그럼 저녁 먹는 건 괜찮지?' 갑자기 풀이 죽어서 물으니까 어쩔 수 없이… 그러자고 했어."

산루가 말을 마치자마자 창밖으로 시선을 던졌다. 모리가 눈을 흘겼다.

"풋! 결국 나처럼 같이 저녁 먹기로 한 거잖아…."

모리와 산루 두 사람 모두 전 남자 친구와 거리를 두고 싶었지만 결국 그의 요구를 들어줬다. 두 사람이 각각 심리학에서 말하는 '문간에 발 들여놓기 효과'와 '문간에 머리 들여놓기 효과'에 걸려들었기 때문이다.

문틈에 발만 넣어 놔도
반은 성공이다

예전에는 외판원들이 집집마다 돌아다니며 가정용품, 주방용품, 백과사전 전집 등을 팔았다. 영리한 외판원은 초인종을 누른 뒤 주인이 문을 열면 문틈으로 잽싸게 발을 집어넣었다. 그러면 그가 제품 설명을 끝낼 때까지 주인이 문을 닫을 수가 없었다.

문간에 발 들여놓기 효과란 상대가 문을 열었을 때 외판원이 문틈으로 발을 집어넣기만 하면 판매에 성공할 가능성이 커지는 것과 같다. 일단 대화할 기회를 만들면 원하는 것을 얻어 낼 가능성이 커지는 법이다. 오늘날 응용 심리학에도 타인에게 원하는 것이 있을 때 작은 요구부터 시작해서 상대가 들어준 뒤에 다시 큰 요구를 하면 요구가 받아들여질 가능성이 크다는 연구 결과가 있다. "말 타면 경마 잡히고 싶다"라는 속담처럼 점점 더 큰 욕심을 내는 방법이 통한다는 것이다.

심리학자 프리드만과 프레이저가 미국 캘리포니아주의 한 작은 마을에서 심리학 실험을 했다. 그들은 마을의 가구들을 무작위로 둘로 나눴다. 그리고 교통안전협회의 회원으로 가장한 실험자가 A 그룹의 가구에 찾아가 집 앞에 '운전 주의'라고 적힌 미관상 좋지 않은 대형 표지판을 세워도 되는지 물어봤다. 그 결과 17퍼센트만 동의했다.

이번에는 B 그룹의 가구에 찾아가 문 앞에 '안전 운전을 하겠습니다'라고 적힌 약 3인치 크기의 쪽지를 붙여도 되는지 물어보자 거의 모든 가구가 동의했다. 그리고 2주 뒤 실험자가 다시 찾아가 집 앞에 '운전 주의'라고 적힌 미관상 좋지 않은 표지판을 세워도 되는지 물어봤다. 그러자 문에 안전 운전 쪽지를 붙인 가구 가운데 76퍼센트가 다소 난처한 이 요구에 동의했다.

차이가 너무 크지 않은가? 똑같은 표지판을 설치하는데 먼저 작은 요구가 받아들여진 다음에 요구하자 동의한 비율이 큰 폭으로 상승했다. 어떻게 이런 결과가 나왔을까? 문간에 발 들여놓기 효과에 대한 몇 가지 해석이 있다.

첫 번째는 '자아 인식의 변화' 때문이라는 해석이다. 상대의 작은 요구를 들어주는 경우 자기 자신에 대한 인식에 변화가 생겨 자신이 남을 잘 도와주는 사람이라고 생각하게 되고, 그 때문에 상대가 더 큰 요구를 했을 때 자아 인식을 지키기 위해 상대의 요구를 거절하지 못한다는 것이다. 두 번째는 '유쾌한 경험' 때문이라는 해석이다. 처음에 작은 요구를 들어주면 남을 돕는 것이 기분 좋은 일일 뿐 아니라 남을 도와줘도 자신에게 불편함이나 불쾌함이 생기지 않는다는 것을 알게 되므로 두 번째 요구에도 동의하게 된다는 것이다.

문간에 머리만 들여놔도 그다음이 편하다

문간에 발 들여놓기와 정반대의 방법이지만 동일한 효과를 내는 '문간에 머리 들여놓기'도 있다. 먼저 터무니없이 과도한 요구를 한 다음 상대가 거절하면 합리적인 요구를 하는 것이다. 그러면 상대는 두 번째 요구가 합리적이라는 생각에 동의하게 된다.

미국의 심리학자 로버트 치알디니가 이에 대한 실험을 했다. 그는 대학생 40명을 무작위로 두 그룹으로 나눈 뒤 우선 A 그룹에게 2년 동안 의무적으로 소년원에서 교도원으로 근무하라는 요구를 했다. 터무니없는 요구였으므로 피실험자 전원이 거절했다. 이번에는 다시 청소년들을 데리고 하루 동안 동물원에 다녀오라고 요구하자 피실험자의 50퍼센트가 동의했다. B 그룹에게는 첫 번째 요구 과정 없이 두 번째 요구만 하자 동의한 비율이 16.7퍼센트밖에 되지 않았다.

왜 이런 결과가 나타났을까? 똑같은 요구인데 어째서 한 번의 거절을 거치고 난 뒤에는 높은 비율로 동의했을까? 치알디니에 따르면, A 그룹의 대학생들은 첫 번째 요구를 거절한 후 타인을 도와주는 사람이라는 자아 이미지에 손상이 생겼다는 생각에 죄책감을 느꼈다. 자아 이미지를 회복하기 위해 첫 번째보다 손해가 적은 두 번째 요구를 들어준 것이다.

사실 청소년들을 데리고 동물원에 다녀오는 것도 쉬운 일은 아니기 때문에 B 그룹의 대학생들 중에서는 16.7퍼센트만 동의했다. 하지만 그보다 더 힘든 요구를 받았던 대학생들은 그것이 첫 번째 요구에 비해 부담이 적을 뿐더러 남을 돕는다는 만족감을 느낄 수 있기 때문에 50퍼센트나 동의했다. 그러므로 상대에게 큰 요구를 했다가 거절당한 후에 작은 요구를 한다면 처음부터 작은 요구를 할 때보다 받아들여질 가능성이 크게 높아진다.

무슨 일이 있어도 입장을 굽히지 말 것

문간에 발을 들여놓든 머리를 들여놓든 두 효과 모두 선량한 사람으로 보이고 싶어 하는 사람의 욕구에서 기인한다. 남을 도와주고 싶고 타인을 실망시키고 싶지 않다는 인간의 잠재의식이 작용한 결과다. 정상적인 상황에서는 이런 심리 때문에 무의식적으로 상대의 요구를 들어주게 된다. 그 요구가 감수할 수 있는 범위 내에 있다면 긍정적인 자아 이미지를 높이는 효과가 있기 때문이다.

하지만 심리학자들은 마땅히 거절해야 하는 상황이라면 자신의 입장을 굽히지 않고 단호하게 거절해야 한다고 조언한다. 예를 들면 전 남자 친구에게 폭력적인 성향이 있는 경우라면 모리와 산루 같은 사례에서 단호하게 관계를 끊고 헤어 나올 수 없는 늪에 빠지지 않는 것이 현명하다!

어떻게 하면
우왕좌왕하지 않고
프로처럼 일할까?

스펙에 자신 없을 때는
신중한 사람을 연기하자

당신은 지금 어느 회사의 회의실에서 중간 관리자 채용 면접을 앞두고 있다. 당신 주위에 있는 사람들도 마찬가지로 이 회사의 채용 면접을 보러 온 지원자다. 무심코 고개를 돌리는데 어떤 경쟁자 한 사람이 시야에 들어왔다. 그가 당신을 위아래로 훑어보다가 당신과 눈이 마주치자 예의 바른 미소를 지었다. 둘 사이에 어색한 기류가 흘렀다.

'오, 잘생겼네. 잘생긴 사람들은 면접에서도 유리하겠지!'

당신은 그를 보자마자 저절로 이런 생각이 들었다. 그러자 초조해지기 시작했다. 당신은 학벌이나 경력으로는 뒤지지 않지만 외모는 별로 경쟁력이 없다. 생김새가 평범해서 처음 보는 사람에게 강한 인상을 주는 유형은 아니었다. 당신뿐만 아니라 아마 회의실에 앉아 있는 지원자 대부분이 비슷한 고민을 하고 있을 것이다.

'내가 면접관에게 호감을 줄 수 있을까?'

일반적으로 매력적인 외모가 면접에 큰 도움이 된다고 생각한다. 그런데 매력적인 외모와 풍부한 경력이 정말로 면접에서 경쟁력을 가질 수 있을까?

2015년 유니버시티칼리지 런던 경영 대학 조교수 이선영 연구 팀이 남녀 반반으로 이뤄진 직장인 92명을 대상으로 동성 간에 외모가 미치는 영향을 알아보는 실험을 실시했다.

연구 팀은 사전에 피실험자들의 연령, 인종, 학력 등 개인 정보와 사진이 담긴 메일을 받은 후 피실험자들을 한 명씩 실험실로 불러 그와 성별이 같은 두 사람의 자료를 주며 그중 누구와 파트너가 되고 누구와 경쟁 상대가 될 것인지 고르게 했다. 두 후보의 나이, 인종, 학벌은 거의 비슷했지만 한 명은 매력적인 외모였고 또 한 명은 평범한 외모였다.

피실험자들은 후보의 사진을 보고 몇 가지 질문에 대답함으로써 파트너와 경쟁 상대를 결정했다. 예를 들면, "만약 이 사람이 당신의 경쟁 상대가 된다면 당신의 승률이 높아질 것이라고 생각하는가?", "이 사람과 업무 파트너가 되기를 원하는가?" 같은 질문이었다.

실험 결과, 남자들은 외모가 매력적인 동성을 업무 파트너로, 외모가 평범한 동성을 경쟁 상대로 선택하는 경향이 있었지만 여자들은 이런 차이가 나타나지 않았다. 남자가 남자를 볼 때는 외모가 능력을 평가하는 중요한 요인이지만, 여자들은 동성의 외모를 능력과 별로 연관 짓지 않는다는 것을 알 수 있다.

이 실험으로 남성의 경우 외적인 매력이 선택에 영향을 미친다는 점이 증명됐다. 하지만 우리는 면접관이 자신을 업무 파트너로 생각하는지 미래의 경쟁 상대로 생각하는지 알 길이 없다. 또 만약 당신의 외모가 평범하다면 채용 면접에서는 조금 불리할 수 있겠지만 반대로 미래의 경쟁 상대는 당신을 크게 경계하지 않을 것이다. 그 덕분에 당신이 직장에서 남들보다 더 빠르게 승진할 수도 있다.

능력이 출중하다면 작은 실수를, 평범하다면 신중한 모습을

외모라는 요인을 배제한다면 대부분의 사람은 자신이 면접관의 질문에 완벽하게 대답할 수 있기를 바란다. 그래야 면접관에게 좋은 인상을 주고 능력을 보여 줄 수 있기 때문이다. 그런데 정말로 그럴까?

심리학자 앨리엇 에런슨이 인간관계에서 사람을 끄는 매력에 관한 실험을 실시했다. 피실험자 48명에게 학생 4명의 인터뷰 영상을 보여 준 뒤 그들을 점수로 평가하게 했다. 인터뷰 내용은 자기소개와 몇 가지 질문에 대한 대답이었으며 학생들의 스펙과 인터뷰 태도가 모두 달랐다.

- A 학생: 질문의 응답률이 92퍼센트이고 전공 분야에서 우수한 성적을 거뒀으며 인터뷰 태도가 자연스럽고 자신감이 흘러넘쳤다.
- B 학생: 질문의 응답률이 92퍼센트이고 전공 분야에서 우수한 성적을 거뒀지만 인터뷰할 때 긴장하고 수줍어 했다. 또한 진행자가 관객석을 향해 그를 소개하는 동안 자기 앞에 있던 커피를 엎질렀다.
- C 학생: 질문의 응답률이 30퍼센트밖에 되지 않았고 앞의 두 학생에 비해 성적이 뒤떨어지는 평범한 학생이었다. 인터뷰를 하는 동안 긴장하지는 않았지만 특별히 매력적이지도 않았다.
- D 학생: 질문의 응답률이 역시 30퍼센트밖에 되지 않았고 경력도 평범했으며 진행자와 인터뷰를 하는 동안 몹시 긴장해

커피를 엎질렀다.

피실험자들은 영상을 보고 난 뒤 네 학생에게 - 7부터 + 7까지 점수를 매기고 가장 마음에 드는 학생과 가장 마음에 들지 않는 학생을 골랐다. 인터뷰를 잘한 A 학생이 최고 점수를 받고 호감 또한 가장 많이 얻었을까?

실험 결과, 가장 호감을 얻은 학생은 출중한 스펙에 인터뷰도 완벽했던 A 학생이 아니라 스펙은 출중하지만 커피를 엎지른 B 학생이었다. 작은 실수가 감점 요인이 된 것이 아니라 오히려 그에게 더 호감을 느끼게 한 것이었다. 그런데 주의해야 할 점은 단순히 작은 실수 때문에 사람들이 그에게 호감을 느낀 것은 아니라는 사실이다. 평범한 스펙을 가진 학생은 커피를 엎지르는 바람에 오히려 호감도가 크게 떨어져 가장 마음에 들지 않는 학생으로 꼽혔다.

완벽해 보이는 사람은 남들에게 유능한 사람이라는 인상을 주기는 하지만 동시에 거리감을 느끼게 한다는 것을 알 수 있다. 우리 주변에서 남들에게 인기가 많은 사람들 중에는 가끔 작은 실수를 저지르는 사람이 많다. 오히려 그런 모습이 사람들에게 친근감을 주기 때문이다. 하지만 능력이 평범한 사람이라면 신중한 모습을 보여 줘야 더 좋은 점수를 받을 수 있으므로 작은 실수도 하지 않도록 주의해야 한다.

완벽함보다는 장단점의 조화로움으로 점수를 얻어라

자기 외모를 마음대로 결정할 수도 없고 모든 사람의 능력이 똑같은 것도 아니다. 그런데 중요한 것은 준수한 외모가 항상 유리하게 작용하는 것도 아니고 완벽을 추구한다고 해서 언제나 환영받는 것은 아니라는 사실이다. 따라서 자기 자신을 있는 그대로 인식하고 자신의 장점을 발견하는 한편, 너무 완벽을 추구하느라 불필요한 스트레스에 시달리지 말고 자신의 부족한 점을 인정해야 한다. 그래야만 '완벽할수록 좋은 것'이라는 사고의 함정에 빠지지 않고 자신을 적당한 시기에 적절히 드러낼 수 있다. 너무 완벽하려고 하면 스트레스가 심해져 오히려 역효과가 날 수 있다.

억지로 침착할 바에는 흥분하는 것이 낫다

| 긴장의 심리학 |

진팅이 노래 경연 대회에 출전했다. 15분 뒤면 그가 무대에 오를 차례였다. 심장 박동이 빨라지고 손에 식은땀이 나며 점점 초조해졌다. 정신을 집중하고 심호흡을 하며 차분해져야 한다고 속으로 계속 되뇌었다. 옆에 있던 다른 출전자 중웨이가 초조해하는 진팅을 보다 못해 괜찮냐고 물었다. 갑작스런 타인의 관심에 진팅이 놀라며 대답했다.

"그럼요! 그저 조금 긴장한 것뿐이에요. 차분해지려고 노력하고 있어요."

"차분해질 필요 없어요. 아니, 더 흥분해야 해요."

"네? 왜요?"

"차분해지면 실수를 줄일 수 있지만, 흥분하면 더 멋진 무대를 보여 줄 수 있어요."

"일리 있는 말이긴 하지만 정말로 그럴까요?"

진텅은 긴가민가했다. 중웨이의 말을 믿어야 할까? 게다가 그는 경쟁자가 아닌가!

경직된 상태에서는
실력이 나오지 않는다

하버드 비즈니스 스쿨의 교수 브룩스가 한 가지 연구 결과를 발표했다. 총 140명에게 "나는 어떻게 해서 훌륭한 업무 파트너가 됐는가"라는 주제로 설득력 있는 발표를 준비하게 했다. 그들의 긴장감을 높이기 위해 카메라로 발표 과정을 녹화했으며 전문가가 그들의 발표를 평가할 것이라고 말했다. 그리고 그들을 두 그룹으로 나눠 한 조는 발표회가 열리기 전 '나는 흥분된다'를 속으로 계속 되뇌게 했고, 다른 한 조는 '차분해져야 한다'를 되뇌며 마음을 가라앉히게 했다. 그 결과, 흥분감을 느낀 사람들이 차분하게 마음을 가라앉힌 사람들보다 더 길고 설득력과 자신감이 넘치는 발표를 보여 줬다.

또 다른 실험에서는 188명을 세 그룹으로 나눠 A조는 흥분감을 유지하게 했고, B조는 마음을 차분히 가라앉히게 했으며, C조(통제 집단)에게는 아무것도 시키지 않았다. 실험 결과, 흥분감을 유지한 A조가 다른 두 조보다 평균 8점 높은 점수를 얻었고 시험이 끝난 뒤 자신의 수학 실력에도 더 자신감을 느꼈다. 발표와 수학 실력뿐만 아니라 노래 부르기에도 같은 효과가 나타났다.

113명을 대상으로 노래방 기기를 이용해 노래 경연 대회를 진행한 또 다른 실험에서는 피실험자들을 노래 부르기 전에 긴장하는 조, 흥분하는 조, 마음을 차분하게 가라앉히는 조, 분노 또는 괴로워하는 조로 나누고 한 그룹만 아무것도 하지 않게 했다. 그런 다음 모든 피실험자의 손목에 맥박 측정기를 부착한 다음 그들이 얼마나 초조해하는지 측정했다.

실험 결과, 노래를 부르기 전 흥분감을 유지한 사람들은 음정, 박자, 음량 모두 노래방 기기의 평가 시스템에서 평균 80점을 얻었다. 하지만 마음을 차분하게 가라앉히거나 분노하게 한 경우에는 평균 점수가 60점밖에 되지 않았고, 초조해한 조는 평균 50점밖에 받지 못했다. 흥분감을 유지했던 사람들은 실험이 끝난 뒤에도 여전히 흥분해 있었고 자신의 노래 실력에 자부심을 느꼈다.

감정을 억지로 가라앉히며 초조함을 억누르는 것보다 초조함을 흥분감으로 바꾸는 것이 훨씬 쉽다. 초조함과 흥분감 모두 감정이 고조된 상태이기 때문이다. 이 실험 결과를 통해 반복적으로 되뇌는 식의 방법으로 스스로를 설득함으로써 실제로 감정을 조절할 수 있다는 것도 알 수 있다.

'지금 나는 흥분했다'고 스스로를 설득하자

초조함은 누구나 느끼는 흔한 감정이다. 마음이 초조할 때 사람들은 차분해지려고 노력하지만 그것은 매우 힘든 일이기 때문에 실패하기 쉽다. 초조한 감정을 억누르려고 하면 저절로 생각이 많아지고 잠재된 위협을 피하는 데 집중하게 되기 때문에 스스로 경직돼 자기 능력을 발휘하기 힘들어진다. 반대로 초조함을 흥분감으로 전환하면 자기 능력을 긍정적으로 발휘하는 데 집중하게 되기 때문에 더 좋은 결과를 낼 수 있다.

그러므로 마음이 초조할 때 차분해지자고 속으로 되뇌는 것보다 고조된 감정을 흥분감으로 전환하는 것이 낫다. '지금 나는 흥분해 있다'라고 자신을 계속 설득한다면 예상을 뛰어넘는 실력을 발휘할 것이다.

물 흐르듯이
말하고 싶다면

| 손짓 효과 |

회의실에서 앤디가 자신의 기획안을 발표하고 있다. 거침없는 말투에 가끔 손짓도 섞어 가며 전문성과 자신감을 한껏 보여 주고 있다. 프레젠테이션을 듣고 있던 당신은 속으로 앤디가 몹시 부러워졌다.

'와! 나도 저렇게 할 수 있다면 얼마나 좋을까.'

내성적인 당신은 사람들 앞에만 서면 온몸이 경직되고 머릿속이 하얘진다. 그럴 때 뻣뻣해진 몸을 이완하고 앤디처럼 적당히 손짓을 섞을 수 있다면 예상치 못한 효과를 낼 수 있을 것이다.

표현력과 창의력을
끌어올리는 손짓의 힘

영국 요크대학교 심리학과의 엘리자베스 커크 연구 팀이 9~11세 아동 78명을 두 그룹으로 나눠 실험을 진행했다. 모든 아이에게 음료수 캔, 주전자, 신문 등 생활용품의 그림을 보여 준 뒤 시간제한을 두지 않고 그 물건들의 다양한 용도를 말해 보게 했다. 아이들이 멈추면 연구자가 "좀 더 생각해 보렴"이라고 말하며 격려했다.

이때 한 조는 이 과제를 수행하는 동안 팔을 자유롭게 움직이고 손짓을 할 수 있게 했지만, 다른 조는 똑같은 과제를 두 번 수행하면서 처음에는 팔을 자유롭게 움직일 수 있게 하고 두 번째에는 팔을 움직일 수 없도록 탁자에 붙어 있는 장갑 속에 손을 넣게 했다. 연구자는 아이들이 얼마나 다양한 아이디어를 생각해 내고 유창하게 표현하는지 관찰하고 기록했다.

그 결과, 손을 자유롭게 움직일 때와 고정했을 때 아이들이 떠올리는 아이디어의 질과 양은 거의 차이가 없었지만 아이디어를 표현하는 유창성에는 차이가 있었다. 손을 자유롭게 움직일 수 있을 때는 새로운 아이디어를 유창하게 표현했지만 손이 고정돼 있을 때는 말을 더듬거리는 경향이 나타난 것이었다. 손을 자유롭게 움직일 수 있는지 여부가 두뇌 활동의 원활성에 영향을 미친다는 것을 알 수 있다.

그렇다면 무언가를 생각할 때 손짓을 많이 하면 사고력과 창의력을 높이는 데 도움이 될까? 커크는 이를 알아보기 위해 비슷한 연령의 아동 54명을 두 그룹으로 나눠 새로운 실험을 실시했다. 두 조 아이들 모두 앞의 실험과 동일한 과제를 수행하면서 자유롭게 팔을 움직일 수 있었지만, 한 조에게는 물건을 어떻게 사용하는지 손으로 직접 시범을 보여 달라고 했고 다른 한 조에게는 그런 요구를 하지 않았다.

실험 결과, 손짓을 하라는 요구를 받은 아이들은 물건의 새로운 용도를 평균 52가지 생각해 냈지만 그렇지 않은 아이들은 13가지밖에 생각해 내지 못했다. 무려 네 배나 차이가 난 것이다. 손짓이 새로운 아이디어를 떠올리는 데 도움이 된다는 사실을 알 수 있다.

애쓰지 않는 심리 연습

내 말의 지휘자가 되자

사람이 무언가를 생각할 때 손짓을 이용하면 상상 속 사물의 크기, 형태, 잡는 방식, 사용 방법 등을 구체화할 수 있다. 손으로 표현하는 과정이 머릿속으로 발상을 훈련하는 것과 같은 효과를 내기 때문에 생각을 연장시키고 깊이 있게 들어갈 수 있게 하는 것이다.

일상생활에서나 직장에서 아이디어나 기획안을 설명할 때 적절한 손짓을 섞어서 말하는 연습을 해 보자. 그러면 상대의 이해를 도울 수 있을 뿐 아니라 머릿속에 반짝이는 아이디어를 떠올릴 수 있다.

시간에 쫓길수록
운동을 해야 하는 이유

광고 회사에서 일하는 톰과 브래드는 기발한 아이디어를 생각해 내야 한다는 부담감을 안고 있다. 늘 분침과 초침이 째깍째깍 돌아 가며 자신을 쫓아오는 것 같다. 톰이 잔뜩 핏발이 선 눈을 들고 시 계를 보며 속으로 중얼거렸다.

'이런 젠장! 시간은 빨리 가는데 머리는 왜 이렇게 안 돌아가지?'

그때 브래드가 가방을 들고 톰 옆을 지나가며 물었다.

"저녁에 같이 조깅하러 갈까?"

"안 돼. 자료를 더 찾아봐야겠어. 자료를 보면 영감을 떠올릴 수 있을지도 몰라."

"난 매일 적당한 운동을 하면 머리가 더 잘 돌아가던데. 너도 한 번 해 봐."

"다음에 할게. 지금은 일이 급해서 운동할 시간이 없어."

톰은 망설였지만 역시 거절했다. 퇴근하는 브래드의 뒷모습을 보며 톰은 궁금했다. 자신은 머리를 쥐어짜 내야 겨우 아이디어가 떠오르는데 브래드는 어떻게 저렇게 쉽게 영감을 얻는 것일까? 정말 그의 말대로 규칙적인 운동 덕분일까? 운동이 정말 두뇌 회전에 도움이 될까?

두뇌를 활성화시키는 운동의 힘

미국 피츠버그대학교의 박사 커크 에릭슨이 신체 활동과 대뇌 피질, 인지 기능 손상의 관련성을 알아내기 위해 10여 년에 걸친 장기적인 연구를 진행했다. 평균 연령 78세의 피실험자 299명을 대상으로 매주 걸은 거리를 기록하게 한 후 9년 뒤 그들의 대뇌 크기를 측정했다. 그리고 다시 4년 뒤 그들에게 인지 손상이나 치매 증상이 나타난 비율을 조사했다.

연구 결과, 9년 동안 매주 9~15킬로미터 걸은 사람들은 대뇌 피질이 상대적으로 두껍게 나타났다. 그러나 이보다 더 많이 걸은 사람들은 대뇌 피질이 더 두꺼워지지는 않았다. 다시 4년 뒤에 검사해 보니 피실험자 중 약 40퍼센트에게서 인지 손상이나 치매 증상이 나타났지만 매주 가장 많이 걸은 사람들 중에서는 기억력에 문제가 생긴 비율이 절반으로 줄어들었다.

신체 활동이 두뇌 건강과 밀접한 관련이 있음을 보여 주는 연구 결과다. 적당한 운동을 하는 노인들은 상대적으로 두뇌가 건강하고 인지 기능도 양호했다. 둘 사이의 정확한 인과 관계는 알 수 없지만 간단하고 비용도 들지 않는데다가 몸은 물론 머리까지 건강해진다면 운동하지 않을 이유가 없지 않은가!

그런데 노년층은 이런 연구 결과를 보고 운동의 중요성을 실감하겠지만 아직 인지 기능이 건강한 청장년층에게는 크게 와닿지 않을 것이다. 그렇다면 청장년층이 먼 미래에 치매에 걸리는 것을 예방하는 것 외에 운동으로 또 어떤 효과를 얻을 수 있을까?

스위스 바젤대학교의 교수 요제프 비쇼프베르거가 쥐를 두 그룹으로 나눠 쥐의 기억력과 운동의 관련성을 관찰하는 실험을 진행했다. 한 조는 쳇바퀴가 설치된 새장에 넣고 운동하도록 유도했고 다른 조는 쳇바퀴가 없는 새장에 넣었다.

쥐는 호기심이 강해서 새로운 물건을 보면 한참 동안 탐색하는 습성이 있다. 비쇼프베르거는 이 점을 이용해 우선 두 조의 쥐들에게 두 가지 물건(흑백의 원뿔 또는 사각뿔)을 주고 익숙해지게 한 다음 1시간 30분 뒤 다른 물건으로 교체하고(원뿔은 사각뿔로, 사각뿔은 원뿔로) 쥐들의 행동을 관찰했다. 24시간 뒤에 또다시 물건을 교체한 뒤 쥐의 행동을 관찰했다. 이때는 '비슷한 물건(색깔은 동일하지만 형태가 다른 물건)'으로 바꾸기도 하고, '다른 물건(색깔과 형태가 모두 다른 물건)'으로 바꾸기도 했다.

실험 결과, 1시간 30분 뒤 물건을 바꿨을 때는 모든 쥐가 그것을 새로운 것으로 인식했고, 24시간 뒤 비슷한 물건으로 바꾸자 운동을 하지 않은 쥐들은 그것을 새로운 물건으로 인식했지만 운동한 쥐들은 비슷한 물건임을 알아냈다. 운동한 쥐들이 사물을 더 자세하게 기억하고 있었던 것이다. 운동한 쥐들이 도형 구별 능력이 더 뛰어난 것은 새로 만들어진 뇌세포가 운동하지 않은 쥐보다 두 배나 많았고 세포들이 서로 잘 연결돼 있었기 때문이다.

그러므로 운동은 노년층의 두뇌 건강에 도움이 될 뿐 아니라 젊은층의 두뇌 개발과 기억력 향상에도 큰 도움을 줄 수 있다.

애쓰지 않는 심리 연습
자투리 시간을 이용해 매주 10킬로미터씩 걸어라
과학이 나날이 발전함에 따라 기계가 육체노동을 대신하고 인간의 활동이 정신노동으로 점점 옮겨 가고 있다. 옛날 사람들에 비해 활동량이 훨씬 줄어든 것이다. 그런데 앞의 연구 결과를 보면 적당한 운동은 신체 건강뿐만 아니라 두뇌 활동에도 도움이 된다.

따로 시간을 내서 운동하기 힘들다면 자투리 시간을 이용해 조금 더 걷는 것만으로도 운동 효과를 낼 수 있다. 10분 거리의 편의점에 물건을 사러 다녀올 때도 가급적 엘리베이터가 아닌 계단을 이용한다면 하루에 1킬로미터쯤 더 걸을 수 있다. 이런 방법으로 매주 평균 10킬로미터만 걸어도 두뇌가 더 건강해질 수 있다.

앞의 이야기 속 톰처럼 영감이 떠오르지 않고 두뇌 회전이 멈춰 있다면 자리를 박차고 일어나 걷거나 스트레칭을 하는 것이 모니터에 시선을 처박고 멍하니 있는 것보다 훨씬 도움이 될 것이다.

창작의 고통에는
산책이 즉효약이다

"어떻게 하지? 아이디어가 떠오르지 않아!"

"온종일 컴퓨터 앞에 앉아 있었지만 아무것도 쓰지 못했어."

"신이시여! 절 구해 주소서! 제게 무한한 영감을 내려 주소서!"

당신도 이렇게 고통스러워하고 있는가? 일을 완성하고 싶지만 머릿속이 텅 빈 냉장고 같아서 꺼낼 만한 재료가 하나도 없다. 마감 시간이 거의 임박해서야 남아 있는 재료들을 미친 듯이 긁어모아 간신히 요리를 만들어 낸다. 물론 선천적으로 기발한 아이디어가 끝없이 떠오르는 사람은 없지만 몇 가지 비결을 안다면 더 쉽게 영감을 찾아낼 수 있다.

정신을 집중해 열심히 머리를 굴리기만 하면 영감이 저절로 찾아온다고 생각하는 사람이 많다. 그들은 영감이 떠오르기 전까지 책상 앞을 떠나지 않고 다른 일도 하지 않는다. 하지만 여러 연구 결과에 따르면, 영감이 떠오르지 않을 때 제일 먼저 해야 하는 일은 바로 자리를 박차고 일어나 걷거나 산책하는 것이다.

어떻게 산책이 창의력을 향상시킬 수 있을까? 좀 더 자세히 말하자면 '걷는 행위'와 '주변 환경의 자극' 중 어느 것이 창의력 향상에 결정적인 요인이 되는 것일까? 아마 대부분은 직감적으로 후자가 정답이라고 대답할 것이다. 다양한 자극을 받으면 영감을 떠올릴 수 있다는 말은 얼핏 들으면 그럴 듯한 얘기 같지만 실은 그렇지 않다. 심리학자들의 연구 결과에 따르면, 창의력 향상의 핵심은 바로 걷기에 있다!

영감은
걷는 사람에게 찾아온다

실험을 하기 전에 먼저 창의력 측정 방법을 결정해야 한다. 유명한 심리학자 조이 길퍼드는 인간의 사고를 '수렴적 사고'와 '확산적 사고'로 구분했다. 수렴적 사고는 어떤 문제에 관한 최적의 해답을 찾는 것이다. 예를 들면 '손목시계, 초콜릿, 알프스'라는 단어를 제시했다면 정답은 이 세 가지의 공통점인 '스위스'다. 일반적으로 책을 읽고 시험을 칠 때는 이런 사고방식이 필요하다.

반면 확산적 사고는 어떤 문제를 다양한 관점에서 바라보고 다양한 답을 구하는 것이다. 예를 들면 "단추의 용도를 나열하시오" 같은 문제다. '옷깃을 여미는 것'이라는 한 가지 답으로는 이 질문에 온전히 대답할 수 없다. '인형의 눈으로 쓸 수 있다', '작은 필터로 사용할 수 있다', '동전 대신 장난감으로 쓸 수 있다' 등등 기발한 답이 많이 나올 수 있으며, 이럴 때 필요한 것이 바로 창의력이다. 이 때문에 창의력에 관한 여러 가지 연구들은 대부분 확산적 사고 측정을 참고 지표로 삼는다.

측정 방법이 결정됐다면 '걷기가 창의력을 향상시킬 수 있을까?' 라는 주제로 연구를 시작하게 된다. 미국 심리학자 매릴리 오페조와 다니엘 슈워츠가 이 주제로 연구를 했다.

우선 피실험자 48명을 대상으로 처음에는 아무것도 하지 않고 각자 책상에 앉아 있게 한 다음 창의력 측정 테스트를 했다. 앞에서 설명한 확산적 사고 측정 문제와 비슷한 내용이었다. 그다음은 산책하듯 러닝 머신에서 천천히 걷게 한 후에 다시 창의력 측정 테스트를 했다. 실험 결과, 책상에 앉아 있다가 측정한 것보다 러닝 머신에서 걸은 뒤에 측정했을 때 창의력 점수가 현저히 높았다.

하지만 이 결과만으로는 걷기가 창의력 향상에 직접적인 역할을 한다고 판단할 수 없다. 앉아 있는 동안 창의력이 향상됐다가 어느 정도 시간이 흘러 걷고 있을 때 표출된 것일 수도 있고, 첫 번째 테스트는 익숙하지 않아서 낮은 점수를 받았지만 두 번째 테스트 때는 익숙해져서 높은 점수를 받았을 수도 있기 때문이다. 그러므로 두 가지 요인을 배제하고 다시 실험하기 전에는 걷기가 창의력을 향상시킨다고 단정할 수 없다.

그래서 연구 팀은 두 번째 실험을 진행했다. 이번에는 48명을 세 그룹으로 나눠 첫 번째 조는 걸은 뒤 앉아 있게 하고, 두 번째 조는 앉아 있다가 걷게 하고, 세 번째 조는 계속 앉아 있게 한 다음 창의력을 측정했다. 걷는 것과 앉아 있는 것의 순서를 바꾼 뒤에 창의력을 비교함으로써 앞에서 말한 두 가지 가능성을 배제한 것이다.

측정 결과, 먼저 걸었든 나중에 걸었든 어느 정도 걸은 뒤에 창의력 점수가 더 높게 나타났다. 특히 걸은 뒤에 앉아 있었던 조의 점수가 현저히 높았다. 걷기를 먼저 했어도 창의력이 높게 나타났으므로 창의력이 향상됐다가 어느 정도 시간이 흐른 뒤에 표출됐을 가능성은 낮다는 사실을 알 수 있다.

또 걷지 않고 계속 앉아만 있었던 조는 두 번째 테스트에서 첫 번째보다 낮은 점수를 받았다. 테스트에 익숙해진다고 해서 높은 점수를 받을 수 있는 것이 아니라는 뜻이다. 이로써 걷기가 앉아 있는 것보다 창의력 향상에 도움이 된다는 사실이 보다 분명해진 셈이다.

산책할 때는 눈과 귀로 많은 자극을 받아들이게 된다. 이런 자극이 영감을 떠올리는 데 도움을 줄 수 있을까? 심리학자들은 또 다른 피실험자들을 두 그룹으로 나눠 한 조는 휠체어에 태워 밖으로 나가 한 바퀴 돌아다니게 한 뒤에 창의력을 측정했고, 다른 조는 실내에서 하얀 벽을 보며 걷게 한 뒤에 창의력을 측정했다.

실험 결과, 하얀 벽을 보며 걸은 사람들이 휠체어를 타고 밖에 나갔다 온 사람들보다 높은 점수를 얻었다. 걷는 행위 자체가 창의력을 높인다는 사실이 다시 한 번 증명된 것이다. 하지만 그렇다고 환경이 아무런 영향도 미치지 못한다고 말할 수는 없다. 휠체어를 타고 바깥을 돌아보고 온 사람들도 실내에 계속 앉아 있었던 사람들보다는 높은 점수를 얻었기 때문이다.

애쓰지 않는 심리 연습
멍하니 앉아 있지 말고 자리에서 일어나라

18세기 서양 철학자 루소는 "걷기가 내 생각에 활력과 생기를 부여한다. 내 몸이 움직이고 있어야 그 속에 내 정신이 담긴다"라고 말했다. 그의 마지막 저서 《고독한 산책자의 몽상》은 바로 그가 산책을 하면서 쓴 것이다. 원래 출간을 목적으로 쓴 것이 아니었던 이 책이 19세기 낭만주의의 서막을 열고 후대까지 큰 영향을 미쳤다.

그러므로 생각이 꽉 막히고 머리가 돌아가지 않는다면 당장 자리에서 일어나 밖으로 나가 산책하라. 아니면 커피를 만들어 마시는 것만으로도 괜찮다. 중요한 것은 몸을 일으켜 움직이는 것이다. 몸을 움직이는 것만으로도 영감을 떠올리는 데 큰 도움이 될 것이다.

머리를 써야 할 때
감정을 쓰지 마라

| 생각의 전환 기법 |

어느 날 출근길에 헬멧 없이 오토바이를 탔는데 모퉁이를 돌아 나오자마자 경찰과 마주쳤다. 경찰이 당신을 불러 세워서는 불친절한 말투로 꾸짖듯 나무랐다. 운 나쁘게 불과 100미터 만에 딱지를 떼게 된 데다가 경찰이 심하게 다그치자 왈칵 화가 치밀었다. 하지만 경찰에게 화를 냈다가는 인정사정없이 딱지를 뗄 것이고 아침부터 다투면 하루 종일 기분이 엉망일 것 같았다. 그렇게 되는 것은 원치 않았으므로 당신을 꾸짖는 경찰을 보며 생각을 바꿔 보기로 했다.

그때 문득 '경찰이 법규 위반자들을 나무랄 때마다 얼마나 많은 항의와 모욕을 당할까', '얼마나 많은 사람이 불쾌한 표정으로 그를 노려볼까' 하는 생각이 들었다. 그러자 거짓말처럼 화가 누그러지고 심지어 동정심까지 생겼다. 그래서 당신은 자신이 요행을 바랐다는 것을 깔끔하게 인정하며 자초지종을 좋게 설명한 뒤 소중한 시간을 빼앗아서 미안하다고 사과하고 순순히 처분에 응했다.

그러자 경찰이 딱지를 떼며 의아한 표정으로 당신을 쳐다봤다. 이렇게 예의 바르게 응대하는 사람은 처음인 것 같았다. 부아가 잔뜩 치밀었던 당신의 얼굴도 점점 편안해지고 그 위로 엷은 미소가 떠올랐다. 잠시 후 두 사람은 친구처럼 작별 인사를 하고 좋은 하루 보내라는 덕담까지 주고받으며 헤어졌다. 당신은 범칙금 청구서를 손에 든 채 미소 띤 얼굴로 돌아가는 그를 보며 생각했다.

'신이시여, 누군가의 하루를 망치지 않게 해 주셔서 감사합니다.'

하지만 그보다 더 놀라운 것은 당신 자신의 하루도 망치지 않았다는 사실이다.

안 좋은 일이 닥치거나 스트레스를 받을 때 대처하는 방식은 사람마다 다르다. 한쪽으로 밀어 둔 채 잊어버리는 사람도 있고 다른 일로 관심을 돌리는 사람도 있다. 일단 내버려 두고 시간이 흐르면서 충격에 담담해지기를 기다리는 것이다. 반면 미루지 않고 직접 대면하는 방식 중에 '생각의 전환'이라는 것이 있다. 위의 사례에서 나오는 방법이 바로 이것이다.

생각의 전환은 임상 심리학에서 흔히 이용하는 '인지적 재해석'과 비슷한 개념이다. 사건이 자신에게 어떤 의미인지 다시 정의함으로써 충격을 완화하는 것이다. 그러면 우울한 기분을 조금은 줄일 수 있다. 그런데 스트레스를 받는 상황에서 생각을 전환하는 것에 단순히 기분을 조금 좋게 하는 효과만 있는 것이 아니다. 심리학자의 연구에 따르면, 생각의 전환은 감정뿐만 아니라 신체적인 면에도 도움이 된다.

상황을 통제할 수 없다면
생각을 바꿔라

하버드대학교 심리학과 교수 제레미 재미슨이 젊은 남녀 각각 25명을 세 그룹으로 나눈 뒤 그들에게 각기 다른 스트레스 대처 방법을 알려 줬다. A조에게는 스트레스를 무시한 뒤 잊어버리게 하고, B조에게는 스트레스를 인지하고 평가하게 한 후 스트레스가 모두 나쁜 것만은 아님을 알려 줬다. 맥박 수가 올라가고 혈압이 상승하기는 하지만 이런 흥분 상태가 집중력을 높여 앞으로 닥칠 문제에 대응하는 데 도움을 줄 수도 있기 때문이다. C조에게는 아무 방법도 알려 주지 않고 각자만의 방법으로 스트레스에 대처하게 했다.

그다음 그들에게 스트레스를 주는 과제를 수행하게 한 후 생리

지표를 기록하며 스트레스가 심혈관계에 미치는 반응을 관찰했다. 수행 과제 중 카메라 앞에서 5분간 발표하며 심사 위원 2명에게 발표 내용과 표현 방식을 평가받는 것이 있었다. 피실험자가 발표하는 동안 심사 위원들은 일부러 미간을 찡그리거나 팔짱을 끼는 등 부정적인 보디랭귀지를 자주 보여 주며 스트레스를 가중시켰다. 뺄셈을 해야 하는 과제도 있었다. 996부터 시작해 7씩 뺄셈을 시키고 옆에서 계속 "더 빨리!", "너무 느려요!", "방금 전에 틀린 것 같은데요" 등의 말로 독촉하고 지적하며 스트레스를 줬다.

실험 결과, 인지적 재해석을 이용한 사람들은 다른 조에 비해 스트레스를 받을 때 총말초 저항(말초 혈관에 의해 발생하는 혈류 저항)이 낮고 심박출량(심장에서 1분간 내보내는 혈액의 양)이 현저하게 많은 것으로 나타났다. 어떤 일로 스트레스를 받을 때 우리 몸은 앞으로 닥칠 일에 대비해 평소보다 더 많은 열량을 온몸으로 전달하고 대사 활동도 증가하기 때문에 혈액의 생성과 흐름이 모두 왕성해진다. 총말초 저항이 낮고 심박출량이 증가하면 혈액 공급이 원활해지므로 곧 닥칠 일에 대한 대비가 더 강화될 수 있다.

연구 결과, 생각의 전환으로 스트레스에 대응한 사람들은 집중력이 필요한 과제를 더 우수하게 수행해 냈다. 똑같은 일이 닥쳐도 생각을 전환한다면 스트레스가 오히려 문제를 해결하는 원동력이 될 수 있다는 뜻이다.

그렇다면 업무나 과제를 완성하지 못했을 때도 생각만 바꾸면 스트레스가 감쪽같이 사라질까? 물론 이 방법이 만능은 아니며 상황에 따라 적용할 필요가 있다. 프랭클린마셜대학교의 교수 앨리슨 트로이는 생각의 전환이 모든 스트레스 상황에 효과적인지 연구하기 위해 스트레스에 시달리는 사람들을 대상으로 실험했다.

우선 그들의 우울감과 스트레스 강도를 측정하고 일주일 뒤 그들을 실험실로 불러 과제를 수행하게 했다. 먼저 비교 대상으로 삼기 위해 무미건조한 단편 영상을 보여 주며 평상시 감정 상태를 확인한 뒤, 슬픈 단편 영화 세 편을 보여 주며 그중 한 편을 볼 때 인지적 재해석 방법을 이용해 긍정적인 생각을 하게 했다. 예를 들면, 좌절에 빠진 주인공이 재기할 것이라든가, 지금의 실패가 훗날 발전을 위한 양분이 되리라고 생각하는 것이었다.

그 결과, 스트레스의 원인이 통제 불가능한 것일 때, 즉 가족이 병에 걸려 입원했다든가 집이 화재로 무너졌다든가 하는 상황에서만 인지적 재해석이 효과를 발휘했다. 반면 과제를 기한 내에 완성하거나 운동 계획을 실천하는 것처럼 통제 가능한 상황에서는 효과를 내지 못하고 오히려 우울감을 가중시켰다.

애쓰지 않는 심리 연습
현실 도피와 생각의 전환을 구분할 것
심리학자들은 부정적인 일이 닥치거나 스트레스를 받는다면 우선 스트레스의 원인을 정확히 분석하라고 조언한다. 스트레스의 원인을 스스로 통제할 수 없는 경우에는 생각을 전환하는 방법이 큰 도움이 될 것이다.

하지만 과제 제출이나 집안일처럼 스트레스의 원인을 스스로 통제할 수 있는 경우에는 스트레스를 조절하는 동안 상황을 반전시킬 기회를 놓치게 되기 때문에 계속 고통의 바다 속으로 가라앉게 된다. 타인과의 상호 작용에서도 마찬가지다. 가령 말실수로 친구에게 상처를 준 상황에서 곧바로 사과하지 않고 시간이 지나면 저절로 상처가 희미해지고 친구도 그 일을 잊을 것이라며 낙관적으로 생각한다면 우정을 잃고 뒤늦은 후회를 하게 될 것이다.

생각을 전환하면 당신의 생활이 더 아름다워질까? 생각의 전환이 스트레스에 현명하게 대처하는 지혜가 될지, 현실 도피가 될지는 바로 당신의 선택에 달려 있다.

무임승차에는
단호하게 대처할 것

| 사회적 태만 현상 |

"아, 장창 때문에 정말 짜증 나. 거의 나 혼자 한 건데 상사 앞에서 생색내는 꼴이라니! 얼굴도 두껍지!"

"됐어. 화 풀어. 앞으로 주신과는 절대 한 팀이 되지 않을 거야. 아무것도 안 하는데 누가 그 사람과 한 팀이 되려고 하겠어? 이번에는 우리가 운이 없었던 셈 치자!"

우리 주변에서 흔히 마주치는 상황이다. 이런 일들이 성실한 사람들을 화나게 하고 고민에 빠뜨린다. 이런 일을 당했다면 꾹 참아야 할까, 얼굴 붉히고 싸운 뒤 인연을 끊어야 할까? 이렇게 무임승차 현상이 나타나는 이유는 무엇일까? 어떻게 하면 이런 일을 피할 수 있을까? 심리학에서 해답을 찾아보도록 하자.

여럿이 힘을 합치면
오히려 큰 힘을 낼 수 없다

심리학자들은 무임승차를 '사회적 태만'이라고 부른다. 이 현상을 제일 처음 발견한 사람은 프랑스 학자 막스 링겔만이다. 그는 줄다리기 실험을 통해 여러 사람이 함께 줄을 당길 때 각자 당기는 힘의 평균이 혼자 줄을 당길 때의 힘보다 작다는 사실을 발견했다.

그는 1인 1조, 3인 1조, 8인 1조의 세 가지 상황에서 사람들이 줄을 당기는 힘을 측정했다. 원래는 집단에 속한 사람들이 더 힘껏 당길 것이라는 가설을 세웠다. 설령 더 힘껏 당기지 않더라도 최소한 세 사람이 함께 당기는 힘이 혼자 당기는 힘의 세 배는 될 것이라고 예상했다.

하지만 실험 결과는 예상을 빗나갔다. 혼자 줄을 당길 때의 힘은 평균 63킬로그램이었지만 셋이 당기는 힘의 총합은 160킬로그램으로 1인 평균 53킬로그램이었다. 여덟 명이 함께 당길 때도 힘의 총합이 248킬로그램으로 1인 평균 31킬로그램밖에 되지 않았다. 혼자서 당길 때의 절반에도 못 미쳤던 것이다. 가설과 정반대의 결과였다.

"힘을 합치면 큰 힘을 낼 수 있다"라는 말은 여러 사람의 힘이 한 사람의 힘보다 강하다는 뜻일 뿐이며 사실상 개개인이 쏟은 힘은 혼자일 때보다 훨씬 작다는 것을 알 수 있다. 재미있지 않은가?

이 실험 결과가 바로 사회적 태만 현상이다. 단체 구성원의 수가 늘어날수록 구성원 개개인의 공헌도는 감소하는 현상이다. 어째서 이런 현상이 나타나는 것일까? 여기에는 두 가지 원인이 있다.

첫째는 '무임승차 효과'다. 개인의 노력이 집단에 귀속돼 기여도를 측정할 수 없기 때문에 적은 노력만 기울이려고 하는 것을 의미한다. 쉽게 말하면, "에이, 내가 많이 노력하든 적게 노력하든 티가 안 나잖아. 뭣하러 힘들게 노력하겠어!"라는 식이다.

둘째는 일명 '바보 효과'다. 너무 많이 희생했다가 다른 구성원들이 이득을 보게 되는 상황을 원치 않기 때문에 노력을 덜 하게 되는 것을 의미한다. 말하자면 "흥! 노력하지도 않고 내 덕을 보려고? 바보가 될 수는 없지! 대충하는 게 좋겠어"라는 식이다.

요컨대 사회적 태만이란 개인의 노력과 집단의 성과 사이에 직접적이고 뚜렷한 관련이 없을 때 자신이 얼마나 노력했는지 판별할 수 없으므로 책임감이 약해지고 개인의 노력이 줄어드는 현상이다. 하지만 사회 심리학자 키플링 윌리엄스의 연구 결과는 더 흥미롭다. 종종 사회적 태만이 나타난 후 '사회적 보상'을 더 열심히 하는 사람이 있다. 이는 자신이 하는 일이 가치 있고 의미 있다고 여길 때다. 또 집단 내 다른 구성원들이 열심히 하지 않을 경우 집단의 성과를 올리기 위해 더 열심히 노력하기도 한다.

조직은 작게, 각자의 책임 범위는 명확하게

그렇다면 이 어려운 문제를 어떻게 해결해야 할까? 집단 내에서 노력하지 않는 사람과 얼굴 붉히며 싸우고 싶지는 않지만 묵묵히 사회적 보상을 하고 싶지도 않다면 어떻게 해야 할까? 다음의 몇 가지 방법이 사회적 태만을 줄이는 데 도움이 될 것이다.

1. 구성원이 많을수록 사회적 태만이 나타나기 쉬우므로 소규모 집단을 만든다.
2. 명확한 분업으로 각자의 책임 범위를 정한다.
3. 일의 다양성과 흥미성을 높여 구성원들에게 일을 완성하고 싶다는 강렬한 동기를 부여한다.
4. 환경을 바꾸고 강한 동기를 가진 사람과 한 팀이 된다.

앞으로 팀을 나눌 때 이 방법을 이용한다면 사회적 태만을 줄이는 데 도움이 될 것이다. 무임승차하는 사람을 과감히 차에서 밀어내라!

뒤처지는 동료에게는
오히려 큰 기대를 쏟자

| 피그말리온 효과 |

고대 그리스 신화에서 국왕 피그말리온은 뛰어난 조각 실력을 갖고 있었지만 괴팍한 성격 때문에 외롭게 혼자 살았다. 그는 평생을 들여 자신이 생각하는 이상적인 미녀를 상아로 조각하고 그 조각상에 갈라테이아라는 이름을 붙였다. 시간이 갈수록 그녀를 정말로 사랑하게 된 그는 날마다 그녀에게 말을 걸고 그녀를 안고 입을 맞췄다. 그는 갈라테이아가 진짜 사람이 되기를 간절히 바랐다. 그의 애절한 사랑에 감동한 아프로디테가 조각상에 생명을 불어넣어 갈라테이아를 사람으로 만들어 줬다. 그는 마침내 그녀를 아내로 맞이해 행복하게 살았다.

물론 이것은 신화 속 이야기일 뿐 현실에서는 이런 기적이 일어날 수 없지만 비슷한 일은 있을 수 있다. 심리학에서는 이처럼 기대가 실제로 나타나는 현상을 가리켜 '피그말리온 효과'라고 한다.

의미를 조금 더 확장시켜 보면 피그말리온 효과란 기대와 칭찬이 감정과 생각에 영향을 미쳐 실제로 암시와 기대에 부합하는 행동으로 나타나는 것을 의미한다. 한마디로 사람들이 믿고 기대하는 대로 이뤄지는 것이다.

사람은 기대에
부응하려고 한다

1968년 미국 하버드대학교의 교수 로버트 로젠탈과 레노어 제이콥슨이 한 가지 실험을 했다. 6~12세의 초등학생들에게 지능 검사를 한 뒤 두 그룹으로 나누고 교사들에게 그중 한 그룹의 지능을 높게 알려 줬다. 그 후 교사들은 무의식중에 똑똑한 학생들에게 더 관심을 쏟으며 열심히 가르쳤고 그 아이들이 하는 질문에 더 진지하게 대답해 줬다. 우수한 학생들에게 더 큰 기대를 품고 여러 가지 방식으로 '너는 우수한 학생이다'라는 신호를 전달했던 것이다.

1년 뒤 연구 팀이 다시 학생들의 지능 검사를 실시해 보니 똑똑하다고 알려진 학생들의 지능이 정말로 높아져 있었다. 하지만 교사들은 그 학생들이 1년 전 무작위로 선택된 평범한 아이들이라는 사실을 모르고 있었다.

이 실험 결과는 학생이 우수한 성과를 낼 수 있을 것이라는 교사의 기대가 교육 태도와 방식에 영향을 미치고 더 나아가 실제로 학생을 변화시키기도 한다는 사실을 알려 준다. 교사의 암시를 받은 학생들이 실제로 기대에 부합하는 행동을 해 선순환이 이뤄지는 것이다.

큰 기대를 받는 사람은 기대에 부응하려고 노력하게 되므로 더 쉽게 성공할 수 있다. 반대로 남에게 믿음을 얻지 못하고 폄하당하면 실제로도 점점 부정적으로 변한다. 부정적인 기대 속에서 자신이 뭔가를 해낼 수 있을 것이라고 믿지 못하는 사람은 긍정적인 기대를 받는 사람보다 실패할 확률이 더 높다고 말할 수 있다.

애쓰지 않는 심리 연습
기대와 격려로 인정 욕구를 자극하자

심리학자 윌리엄 제임스는 "인간의 본성 가운데 가장 간절한 욕망은 타인에게 인정받고자 하는 마음이다"라고 말했다. 이 본성이 인간이 다른 동물과 다른 점이기도 하다. 인간은 남에게 인정받기 위해 노력한다. 피그말리온 효과 실험에서도 이 점이 증명됐다.

직장의 관리자든 자녀를 키우는 부모든 부하 직원이나 자기 아이가 더 잘하기를 바란다면 이 사실을 기억하는 것이 좋다. 성급하게 잘못을 나무라기보다는 긍정적인 기대와 격려, 신뢰로 더 잘할 수 있다는 암시를 주는 것이 훨씬 효과적이라는 사실을 말이다.

실패 한 번에
자신감 잃을 필요 없는 이유

| 긍정성 편향 |

"제4쿼터 종료 5분 전, 골든 스테이트 워리어스가 여전히 앞서고 있습니다. 경기 내내 스테판 커리의 슛 감각이 상대 팀을 속수무책으로 만들었는데요. 또다시 커리에게 공을 패스했습니다. 상대 팀 수비수가 달려와 막으려는 찰나, 눈 깜짝할 사이에 두 선수 사이로 파고든 커리가 슛을 쏩니다. 오, 골인! 멋진 슛입니다. 커리가 연속 다섯 번째 슛을 성공시켰습니다! 지금까지 총 24개 슈팅 중 12개를 성공시켰고 그중 3점 슛 6개로 혼자 30득점을 따내며 상대 팀의 추격을 무력화시켰습니다!"

농구를 좋아하는 사람이라면 이런 농구 중계가 낯설지 않을 것이다. 농구 해설자나 캐스터가 흔히 하는 말 중에 "슛 감각이 살아났다"라는 표현이 있다. 이때 '슛 감각'이란 슛의 성공 여부가 그다음 슛의 성공 여부에 영향을 미치는 것을 의미한다. 또 이처럼 그날 컨디션이 좋은 선수를 '손이 뜨거워졌다'는 의미에서 '핫 핸드'라고 부르기도 한다.

선수의 슛 감각이 슛의 성공과 실패를 결정하는 가장 중요한 요인이라고 생각하는가? 첫 슛을 성공시키면 슛 감각이 생겨 두 번째 슛도 쉽게 성공시킬 수 있을 것이라고 생각하는가? 그렇다면 당신도 흔히들 저지르는 사고의 오류에 빠진 것이다!

한 번의 성공, 한 번의 실패에 큰 의미 부여하지 마라

농구 선수가 연속해서 득점하면 그다음 슛도 쉽게 성공시킬 수 있고, 첫 슛이 들어가지 않으면 그날 그의 슛 감각이 좋지 않다는 뜻이므로 다음 슛도 득점하지 못할 것이라고 생각하는 사람이 많다. 그래서 중요한 순간에는 그날 슛 감각이 좋은 선수에게 공을 패스해 준다. 그가 슈팅해야 득점할 확률이 높기 때문이다.

심리학자 토머스 길로비치, 폴 발론, 아모스 트버스키가 농구 선수의 슛 감각에 관한 연구를 진행했다. 1980년에서 1981년 필라델피아 세븐티식서스의 전 시즌 슈팅 기록을 계산해 보니 다음과 같은 통계가 나왔다.

1. 한 번의 슛 성공 직후 슛 성공률 51퍼센트, 한 번의 슛 실패 직후 슛 성공률 54퍼센트.
2. 연속 두 번의 슛 성공 후 슛 성공률 50퍼센트, 연속 두 번의 슛 실패 후 슛 성공률 53퍼센트.
3. 연속 세 번의 슛 성공 후 슛 성공률 46퍼센트, 연속 세 번의 슛 실패 후 슛 성공률 56퍼센트.

전 시즌 자료를 분석한 결과에 따르면, 슛을 한 번 성공시켰다고 해서 그다음 슛 성공률이 높아지지 않았고, 연속 두세 번 슛을 성공한 후에도 그다음 슛 성공률이 높게 나타나지 않았다. 오히려 한 번 또는 두세 번 슛을 실패한 후의 슛 성공률이 약간 높았다. 농구 선수들에게 이른바 슛 감각이라는 것이 존재하지 않으며 슛을 몇 개씩 성공시켰다고 해서 그다음 슛을 성공시킬 확률이 높아지는 것도 아니라는 것을 알 수 있다.

실제 경기에서는 어떤 선수가 여러 번 연속해서 슛을 성공시키는 경우가 많은데 통계를 내 보면 그렇지 않은 이유는 무엇일까? 선수 본인의 실력, 상대 팀 수비수의 실력 등등 슛의 성공과 실패에 영향을 주는 요인은 매우 많다. 노련한 선수거나 운 좋게 슈팅 찬스가 만들어지면 연속 몇 번씩 득점하는 것도 가능하다. 하지만 슛의 성공 여부가 다음 슛의 성공률에 영향을 미치는 것은 아니다.

그런데 슛 감각이라는 개념 자체가 잘못됐다면 어째서 많은 사람이 슛 감각이 존재한다고 믿는 것일까? 연구 팀은 이것이 농구 팬들의 '긍정성 편향' 때문이라고 설명했다. 농구 팬들이 선수를 긍정적으로 평가하려는 경향이 있기 때문이라는 것이다.

길로비치 연구 팀은 농구 팬들을 대상으로 또 다른 실험을 진행했다. 농구 팬들에게 어느 선수의 득점 기록이라며 'X'와 'O'로 표시한 기록을 보여 줬다. 슛이 성공하면 ○, 실패하면 ×로 표시한 기록이었다. 그런데 이 기록을 통해 슛 성공률이 절반밖에 되지 않는다는 것을 확인한 뒤에도 농구 팬 중 62퍼센트는 여전히 그 경기에서 이 선수의 슛 감각이 좋았다고 생각했다. 이 선수가 후반부에 슛 감각이 살아나면서 슈팅 5개 중 4개를 성공시켰고 그중 3번은 연속으로 성공시켰다면서 말이다. 하지만 그 기록은 무작위로 만든 자료였고 슛 성공률도 대략 절반밖에 되지 않았다. 슛 감각이 좋고 나쁘고의 문제가 아니었던 것이다.

이 연구 결과를 보면, 확률에 대한 사람들의 인식에 흔하게 오류가 나타난다는 것을 알 수 있다. 동전을 던졌을 때 연속 4~5번 앞면이 나오면 사람들은 대단한 우연이라며 놀라워한다. 하지만 통계적으로 볼 때 동전을 20번 던질 경우 연속 4번 앞면이 나올 확률이 50퍼센트나 된다. 당신이 지금 동전을 20번 던진다면 연속 4번 앞면이 나올 확률이 반이나 되는 것이다.

이런 인식의 오류가 생기는 것은 사람의 두뇌가 우연히 일어난 일에 어떤 규칙을 씌워 해석하려는 경향이 있기 때문이다. 요컨대 사람의 두뇌는 우리가 생각하는 것만큼 이성적이지 않다.

실력은 감각이 아니라 노력의 결과다

앞으로 농구 경기를 관람할 때 선수의 슛 감각을 부러워할 필요가 없다. 어떤 선수가 연속해서 슈팅을 성공시킨다면 당신이 인식의 오류에 빠진 것은 아닌지 의심해 보자.

어떤 선수가 뛰어난 기량을 발휘한다 해도, 설령 내리 몇 번의 슈팅을 성공시키며 고득점을 올린다 해도, 그의 슛 감각이 좋아서가 아니라 피나는 연습으로 명중률을 높인 결과다. 만약 당신이 커리처럼 훌륭한 선수가 되고 싶다면 슈팅 기술을 열심히 갈고닦아 명중률을 높이는 것이 가장 중요하다.

목표를 공개하면
목표를 이룰 수 없다

| 효과적인 목표 달성법 |

오늘따라 일어나자마자 머리가 개운하고 좋은 하루가 될 것 같은 예감이 들었다. 그런데 SNS가 작년 오늘 내가 썼던 글을 상기시켜 주고 있었다. 거기에 이렇게 쓰여 있었다.

"올해는 꼭 다이어트에 성공해서 내년에는 해변에서 비키니를 입고 한껏 뽐낼 거야!"

그 아래 이런 댓글이 줄줄이 달려 있었다.

"와! 넌 살 빼면 정말 근사해질 거야."

"얼굴도 예쁜데 몸매까지? 욕심쟁이!"

"비키니 인증 샷 꼭 올려 줘."

그때는 친구들의 댓글을 보며 의욕이 넘쳤다. 다이어트에 성공해 선망 어린 시선을 받는 내 모습을 상상했다. 그런데 1년이 지난 지금 체중이 줄어들기는커녕 그때보다 더 늘어나 있었다. 몸무게를 생각하니 갑자기 우울해졌다.

"이게 뭐야. 1년 전 일을 왜 끄집어내는 거야…."

사람들은 목표가 생기면 선포하듯 남들에게 알리고는 한다. 목표를 세상에 알리면 사람들의 시선 때문에라도 열심히 노력할 것이므로 목표를 이룰 가능성이 높아진다고 생각한다. 그런데 정말 그럴까?

이미 목표를
이뤘다는 착각

심리학자 피터 골위처가 이 의문의 답을 찾기 위해 흥미로운 실험을 진행했다. 골위처 연구 팀은 대학생들을 대상으로 네 가지 실험을 했다.

심리학과 학생들에게 먼저 설문지를 작성하게 했다. 임상 심리사가 되고 싶은지, 임상 심리사가 되고 싶다는 생각이 얼마나 강한지 등을 묻는 내용이었다. 그다음 그들에게 치료 과정을 학습할 수 있는 영상을 보고 싶은 생각이 얼마나 강한지 질문했다. 일부 학생들의 대답은 연구자에게 공개됐지만 다른 학생들의 대답은 연구자에게 공개되지 않았다. 그 후 학생들에게 치료 과정을 기록한 40분짜리 영상을 보여 줬다. 학생들은 영상을 보면서 상담사가 내담자와 시선을 얼마나 마주치는지 주의해서 관찰하고 기록해야 했고 언제든 원한다면 중간에 중단할 수 있었다.

일반적으로 임상 심리사가 되고 싶다는 열망이 강한 학생이라면 영상을 보며 공부하고 싶다는 생각도 강할 것이다. 자기 목표를 남에게 공개했든 공개하지 않았든 상관없이 말이다. 하지만 실험 결과, 목표를 공개하지 않은 학생들은 평균 39분 동안 영상을 시청해 거의 끝까지 봤지만 목표를 공개한 학생들은 그보다 11분이나 적은 평균 27분 동안 시청했다.

다른 실험에서도 목표를 남에게 알린 사람들의 과제 완성률이 현저히 낮았으며 그들이 쉽게 포기하는 것으로 나타났다. 오히려 목표를 알리지 않은 사람들의 과제 완성률이 훨씬 높았다. 왜 그럴까? 남들의 시선 때문에라도 더 노력해야 하지 않을까?

골위처 교수의 분석에 따르면, 목표를 주위에 알리는 경우 타인의 칭찬과 응원을 듣게 되고 그것만으로도 만족감을 느끼며 마치 목표가 이미 이루어진 듯한 착각이 든다. 원래는 실제로 목표를 이뤄야 보상을 받을 수 있고 그렇기 때문에 목표를 이루기 위해 매진하게 되지만, 처음부터 목표를 말해서 미리 만족감을 얻고 나면 계속 노력할 동기가 사라져 버린다.

그렇다면 목표 달성에 도움을 주는 효과적인 방법은 없을까? 사전에 목표를 이루기 위한 시간과 방법을 계획하면 목표를 이루는 데 도움이 될까? 골위처와 베로니카 브란트슈태터의 실험에 따르면, 계획을 세워 실행하는 것이 목표를 달성하는 데 도움이 된다고 한다.

연구 팀은 대학생들에게 다양한 난이도의 과제를 제시하면서 과제 수행을 위한 방법을 계획했는지 질문했다. "미리 진도표를 세웠나요?", "과제를 어떻게 완성할 건가요?", "과제를 언제 완성할 건가요?" 등의 질문이 담긴 설문지를 작성하게 한 후 과제가 완성된 뒤 사전 계획과 얼마나 일치하는지 분석했다.

실험 결과, 간단한 과제인 경우 계획의 유무에 따라 결과에 큰 차이가 없었으며 약 80퍼센트가 과제를 완수했다. 하지만 어려운 과제의 경우 사전에 계획을 세운 학생의 62퍼센트가 과제를 완수한 반면 계획 없이 수행한 학생 중에는 22퍼센트만 과제를 완수했다. 계획의 유무가 과제 완성률에 큰 영향을 미쳤음을 알 수 있다.

하지만 이것이 동기의 강약에 따른 결과일 수도 있다고 생각했다. 동기가 강한 사람들은 대부분 사전에 계획을 세웠으며 결과물도 비교적 훌륭했다. 그렇다면 단순히 계획의 유무가 과제 완성률을 결정한 요인은 아닐 수도 있다. 이런 가능성을 확인하기 위해 연구 팀은 두 번째 실험을 진행했다.

학생들에게 크리스마스를 어떻게 보냈는지 보고서를 작성해 크리스마스이브 후 48시간 내에 제출하라고 통보했다. 크리스마스에 보고서를 쓰고 싶은 학생은 거의 없으므로 동기의 강약이라는 요인을 제거하기 위한 조치였다. 이와 동시에 무작위로 지정한 절반의 학생들에게는 보고서를 언제 어디서 어떻게 작성할 것인지 사전에 계획을 세우게 했고, 나머지 절반의 학생에게는 특별한 요구 없이 자유롭게 과제를 수행하게 했다.

그 결과, 사전에 계획을 세운 학생들 중 71퍼센트가 정해진 기한 내에 보고서를 제출했지만 그렇지 않은 학생들 중 기한 내에 보고서를 제출한 경우는 32퍼센트밖에 되지 않았다. 사전에 계획을 세웠을 때와 그러지 않았을 때의 차이가 매우 크게 나타난 것이다.

심리학자들은 이 실험이 목표를 달성하기 위한 계획의 중요성을 보여 주는 것이라고 설명한다. 간단한 과제라면 계획을 세울 필요 없이 빠르게 해치우면 되지만 어려운 과제를 수행할 때는 미리 계획을 세우지 않으면 과제를 완성할 가능성이 상대적으로 낮아진다.

어려운 과제일수록 구체적인 계획을 공개해야 한다

이 몇 가지 실험을 통해 목표를 공개하고 구체적인 계획을 세우지 않는 경우 목표를 이룰 가능성이 매우 낮아진다는 것을 알 수 있다. 그러므로 심리학자들은 목표를 공개해 친구들이 자신의 감시자가 되게 하려면 목표 실현을 위한 구체적인 계획과 방법도 함께 공개하라고 조언한다. 가령 다이어트를 하려고 한다면 목표를 공개하면서 일주일에 몇 번 어떤 운동을 할 것이며 얼마나 오랫동안 지속할 것인지도 함께 공개하는 것이다. 그래야만 당신이 계획을 제대로 지키는지 친구들이 감시해 줄 수가 있다.

또 계획을 세워 놓으면 중간에 고민하는 시간을 절약할 수도 있다. 어디에서 어떤 운동을 할 것인지 고민할 필요 없이 미리 세워 놓은 계획대로 차근차근 실천하기만 하면 목표를 이룰 수 있다!

아이디어 구상은 카페에서, 실현은 사무실에서

| 조명과 공간의 심리학 |

《해리포터》가 세계적인 베스트셀러가 되자 독자들은 작가 조앤 롤링이 어디서 그런 영감을 얻었는지 궁금해했다. 독자들의 궁금 중에 조앤 롤링은 자신이 영국 에든버러의 한 카페에서 소설을 쓴다고 말했다. 호그와트처럼 상상력 넘치는 판타지 세계를 떠올린 곳이 바로 작은 카페라는 것이다.

사실 조앤 롤링뿐만 아니라 보들레르, 헤밍웨이, 사르트르, 보부아르 등 많은 작가가 카페를 좋아했다. 카페는 일종의 유행일까, 아니면 정말로 카페라는 공간에 창작의 영감을 선사하는 마법 같은 힘이 있는 것일까?

심리학자와 신경 과학자들은 빛과 공간이 사람의 영감을 자극하는 매우 중요한 요인이라고 말한다. 그런데 살펴보면 카페의 환경이 학자들의 연구에서 밝혀진 몇 가지 조건에 매우 잘 들어맞는다는 것을 알 수 있다.

영감을 자극하는 공간은 조명과 천장이 다르다

독일의 심리학자 애나 슈타이들은 실내의 조도를 조절해 창의력과 일의 성과를 높일 수 있는지 알아보기 위해 한 가지 실험을 했다. 연구 팀은 대학생 40명을 '밝은 조'와 '어두운 조'로 나눠 각각 밝은 방과 어두운 방에 들어가게 한 뒤 "당신은 지금 미지의 별로 향하고 있습니다. 이제 지구와 완전히 다른 세상을 만나게 될 것입니다"라고 알려 주고 7분 동안 자기가 상상하는 외계인을 그려 보게 했다.

연구 팀은 지구 생물과의 유사성, 특징의 비전형성(다리가 5개 달렸다거나 눈에서 레이저 광선이 나온다거나 하는 특징) 등 세 가지 관점에서 그림의 창의성을 평가했다. 그 결과, 어두운 조가 그린 외계인 그림이 밝은 조의 그림보다 비전형적인 특징이 많고 지구 생물과의 유사성이 적어 창의성이 더 높게 나타났다. 적당히 어두운 조명이 사람들의 창의성을 높이는 데 도움이 된 것이다. 특히 영감이 필요한 작업을 할 때는 더욱 그랬다.

어두운 조명이 창의력을 자극하는 이유는 무엇일까? 슈타이들은 그 답을 알아내기 위해 몇 가지 실험을 했다. 실내의 조도를 다양하게 조절하며 피실험자들에게 자유로움을 느끼는 정도를 판단하게 한 결과, 어두운 조명에서 더 자유로움을 느끼고 문제를 풀 때도 정확도보다는 속도에 더 집중하는 것으로 나타났다. 어두운 환경이 탐색의 욕망을 자극하고 실수에 대한 걱정을 줄여 주며, 이런 태도가 창의력을 발휘하는 데 도움이 됐다고 분석할 수 있다.

그렇다면 너무 밝은 조명은 안 좋을까? 밝은 조명은 창의력을 자극하는 효과는 없지만 그 대신 분석적인 사고와 평가 업무에 도움을 준다. 어두운 조보다 밝은 조에서 문제를 풀었을 때의 정답률이 더 높게 나타났다.

마케팅학자 조앤 마이어스 레비와 주루이의 실험 결과에 따르면, 천장 높이도 사람의 사고력과 행동 방식에 영향을 미친다.

연구 팀은 '높은 천장 조(3.1미터)'와 '보통 천장 조(2.48미터)'로 피실험자들을 나눈 뒤 각각 천장의 높이가 다른 실험실로 들여보냈다. 피실험자가 자연스럽게 천장 높이를 볼 수 있도록 천장에는 전등이 하나씩 매달려 있었다. 그곳에서 그들은 단어를 해석하는 게임을 했다. 실험 결과, 높은 천장 조는 '해방', '무제한' 등 자유와 관련된 단어가 나오면 매우 빠르게 대답했지만 '구속', '신중함' 등 제한과 관련된 단어가 나오면 대답 속도가 느려졌다.

또 다른 실험에서는 피실험자들에게 열 가지 운동이 적힌 리스트를 주며 공통점을 찾아내게 했다. 높은 천장 조가 보통 천장 조에 비해 더 많은 공통점을 찾아냈으며 대부분 추상적인 공통점이었다. 천장 높이가 높아지면 사람들이 더 자유로움을 느끼기 때문에 더 추상적이고 창의적인 사고를 한다고 해석할 수 있다.

애쓰지 않는 심리 연습
작업의 종류에 맞춰 환경을 세팅하라

사람의 사고는 어느 정도 환경의 영향을 받는다. 연구 결과를 종합해보면, 적당히 어둡고 천장이 높은 곳에서는 사람들이 더 자유롭게 영감을 발휘할 수 있다. 반면 고도의 집중력을 요하는 작업을 할 때는 밝은 조명이 적합하다는 결론을 내릴 수 있다.

그렇다면 카페의 성업도 일시적인 유행으로 치부할 수 없다. 음식을 먹고 싶은 생리적인 욕구와 유행을 따라가려는 심리를 충족할 수 있다는 점 외에도 높은 천장과 어스름한 조명이 창의성과 영감을 찾는 이들의 수요를 만족시키고 있는 것이다.

집의 천장 높이나 조도는 마음대로 바꿀 수 없다. 그래서 심리학자들은 영감이 필요한 일을 할 때는 공간이 넓고 조명이 약간 어두운 카페에 가서 천천히 창의력을 끌어올리는 것이 효과적이라고 조언한다.

노련함과 신선함,
두 마리 토끼를 잡는 법

| 아인슈텔룽 효과 |

할리우드 영화 〈캡틴 아메리카〉에 이런 장면이 나온다.

주인공 스티브 로저스가 혈청 주사를 맞고 캡틴 아메리카가 되기 전, 하루는 다른 병사들과 구보 훈련을 하고 있었다. 그때 뒤에서 지프차 한 대가 달려오더니 차에 탄 장교가 높이 매달린 깃발을 가리키며 외쳤다.

"저 깃발을 떼 오는 사람은 차를 타고 기지로 돌아갈 수 있다!"

병사들이 우르르 몰려들어 깃대를 기어 올라가려고 했지만 모두 실패했다. 그때 가쁜 숨을 몰아쉬며 다가온 스티브 로저스가 고개를 들어 깃발을 올려다봤다. 모두들 알 수 없다는 표정으로 그를 쳐다봤다. 장교는 지금껏 가장 뛰어난 병사도 올라가지 못한 깃대를 저렇게 약하고 왜소한 놈이 어떻게 올라가겠느냐며 코웃음을 쳤다.

그런데 바로 그때 스티브 로저스가 무릎을 꿇고 깃대 아랫부분에 있는 나사를 풀자 깃대가 곧바로 쓰러졌다. 로저스는 쓰러진 깃대에서 깃발을 떼어 낸 뒤 유유히 차에 올라 기지로 향했다.

다른 병사들은 왜 이렇게 쉽고 간단한 방법을 생각하지 못했을까? 종종 어려운 문제 때문에 한참 고민하고 머리를 짜내다가 나중에서야 아주 쉽고 간단한 해결 방법이 있었음을 알게 될 때가 있다. 창피해할 것 없다. 그것은 당신이 멍청해서가 아니라 사람의 두뇌가 가진 습성 때문이다. 일반적으로 사람들은 어떤 일을 하든 가장 효율적인 방법을 찾고 싶어 하고, 보통은 여러 번 시도하면 가장 효율적인 방법을 찾아낼 수 있다. 그런데 가끔은 정반대의 경우도 있다.

언제나 더 나은 대안이 있다

1942년 미국 심리학자 아브라함 루친스가 이 의문의 해답을 찾기 위해 실험을 했다. 피실험자들을 두 그룹으로 나눠 그중 한 조에게 간단한 수학 응용 문제들을 풀게 했다. 예를 들면 이런 것이다.

"21밀리리터, 127밀리리터, 3밀리리터짜리 비커를 이용해 물 100밀리리터를 정확히 측정하시오."

어떻게 풀 수 있을까? 약간의 고민이 필요하다. 먼저 127밀리리터짜리 비커에 물을 가득 담고 21밀리리터짜리 비커에 가득 따라 내면 106밀리리터가 남는다. 그다음 3밀리리터짜리 비커에 두 번 따라 내면 100밀리리터가 남는다. 피실험자들은 대부분 이 세 단계를 거쳐 답을 얻었다. 몇 번 반복하면 금세 문제를 풀 수 있었다.

그런데 마지막 문제는 23밀리리터, 49밀리리터, 3밀리리터짜리 비커를 이용해 물 20밀리리터를 측정하는 것이었다. 피실험자들이 비커로 물을 이리저리 옮겼지만 답을 찾을 수 없었다. 과연 풀 수 있는 문제인지 의심스럽기까지 했다. 그러나 이 문제는 사실 앞의 문제들보다 훨씬 간단했다. 23밀리리터짜리 비커에 물을 담은 다음 3밀리리터짜리 비커에 한 번 따라 내기만 하면 정확히 20밀리리터가 남는다. 얼마나 쉬운가? 어째서 사람들은 이 간단한 문제를 풀지 못한 것일까?

사람의 두뇌는 동일한 방식으로 여러 번 문제를 해결하고 나면 그보다 더 빠르고 간단한 방법이 있는지 굳이 생각하려 하지 않는다. 그러다 그 방법으로 해결할 수 없는 문제에 부딪히면 마치 함정에 빠진 듯 꼼짝없이 갇혀 버린다. 심리학에서 이런 현상을 '아인슈텔룽 효과'라고 부른다. 한 가지 문제를 해결하는 데 숙련되고 뛰어난 사람일수록 더 나은 대안이 있다는 사실을 간과하기 쉽다는 뜻이다.

애쓰지 않는 심리 연습
가끔은 가던 길에서 벗어나 다른 길로 가 보자

앞에서 소개한 영화 속 장면처럼 노련한 병사들은 몸을 이용해 명령을 완수하는 데 익숙하기 때문에 더 쉬운 해결 방법이 있음을 간과한다. 오히려 스티브처럼 신체적 능력은 자신의 강점이 아니라는 것을 잘 아는 사람들이 다양한 대안을 모색하려고 한다.

다른 가능성을 찾지 않고 기존 방법만을 기계적으로 따르는 고수의 맹점이 얼핏 바보처럼 들릴 수 있다. 하지만 다른 관점에서 보면 똑같은 문제를 숙련된 솜씨로 빠르게 해결할 수 있다는 장점이 있다. 때로는 생각할 필요도 없이 반사적으로 처리하기도 한다. 요즘처럼 바쁘게 돌아가는 세상에서 시간과 에너지를 절약하니 매우 큰 장점이 아닌가.

일상생활에서든 업무에서든 우리는 똑같은 문제를 반복적으로 처리하며 살아간다. 하지만 가끔씩은 일부러 다른 대안을 모색해 보고 더 나은 방법이 없는지 생각하며 사고의 탄력성을 유지해야 고수의 맹점에 빠지지 않을 수 있다.

오늘 한번 다른 길로 귀가해 보자. 어쩌면 평소에 다니던 길보다 훨씬 빠른 지름길이나 더 평탄한 길을 찾을 수 있을지도 모른다.

좋아하는 일로
돈 벌지 않아도 된다

| 과잉 정당화 효과 |

이런 경험을 해 본 적이 있는가? 원래 좋아하던 과목인데 시험을 보려고 하면 공부하기 싫어졌던 경험, 좋아하는 취미였는데 막상 그것이 돈 버는 수단이 되자 시들해진 경험. 좋아하는 일을 하면서 이득을 얻을 수 있다면 일거양득인데 왜 이런 모순된 감정이 나타날까?

유명한 작가 마크 트웨인은 일찌감치 사람에게 이런 이상한 마음이 있다는 것을 발견했다. 그의 명작 《톰 소여의 모험》에 이런 말이 나온다.

"영국에는 많은 돈을 치러야 누릴 수 있는 특권이라는 이유로 여름에 말 4마리가 끄는 여객 마차를 매일같이 20~30마일이나 타고 다니는 부자 신사가 꽤 있다. 하지만 그렇게 마차를 타고 다니는 대가로 돈을 받는다면 그것은 일이 될 테고, 그러면 부자 신사들은 당장 그 일을 그만둘 것이다."

같은 논리로 '어떤 일을 즐기는 대가로 보상을 지급하면 그 일의 흥미가 반감된다'는 가설을 세울 수 있지 않을까? 얼핏 이해하기 힘든 얘기다. 일반적으로 보상이 많을수록 좋다고 생각하기 때문이다. 좋아하는 일을 하면서 돈도 벌 수 있다면 그보다 더 좋은 일이 어디 있을까? 하지만 앞서 말한 가설은 사실이다. 이런 현상이 나타나는 이유는 우리가 가진 두 가지 동기 때문이다.

'동기'란 무엇일까? 동기는 개인의 활동을 유도하고 목표를 향해 매진하게 만드는 심리적인 힘이며 내재 동기와 외재 동기로 나뉜다.

내재 동기란 개인의 내재적인 요인에서 나오는 것이다. 자신의 필요, 흥미, 신념, 세계관을 바탕으로 어떤 행동을 할 때 내재 동기가 작용했다고 말한다. 맛있는 음식을 즐기는 일, 음악을 듣는 일, 선행을 하는 일, 종교를 믿는 일 등이 여기에 속한다.

외재 동기란 그와 반대로 외부 요인이 사람을 움직이는 것이다. 외적인 목표, 부담감, 책임, 의무 등으로 인해 어떤 행동을 하는 경우 외재 동기가 작용한 것이다. 일반적으로 돈, 성적, 상여금 또는 처벌을 피하는 것 등이 외재 동기에 해당된다.

외재 동기로부터
내재 동기를 지켜라

'과잉 정당화 효과'란 우리가 원래 좋아하는 일에 보상이 주어졌을 때 오히려 흥미가 반감되는 현상이다. 보상이 주어지면 그 행동을 하는 동기가 내재 동기에서 외재 동기로 바뀌어 더 이상 단순히 좋아서가 아니라 외적 이익을 위해 하는 일이 되기 때문이다.

1973년 심리학자 마크 레퍼가 이에 관한 실험을 했다. 우선 유치원 아이들에게 색연필로 자유롭게 놀게 한 뒤 아이들이 노는 시간을 기록해 내재 동기를 측정하는 근거로 삼았다. 2주 뒤 내재 동기가 비슷한 아이들을 세 그룹으로 나눠 상황과 시간에 차이를 두고 색연필을 갖고 놀게 했다.

- A조: 색연필로 그림을 그리게 했다.
- B조: 색연필로 그림을 그리면 상을 주겠다고 했다.
- C조: 색연필로 그림을 그리면 상을 주겠다는 얘기는 하지 않았지만 그림을 그린 경우 나중에 상을 줬다.

일주일 뒤 자유 시간에 테이블에 색연필을 올려놓은 뒤 숨어서 관찰했다. 상을 받을 수 없을 때 아이들이 얼마나 오랫동안 색연필을 갖고 노는지 알아보기 위한 것이었다. 물론 오래 갖고 놀수록 내재 동기가 높다는 뜻이었다.

여기서 흥미로운 현상이 발견됐다. 색연필로 그림을 그리면 상을 받을 수 있다는 것을 아는 B조 아이들은 상을 받을 수 없는 상황이 되자 색연필을 갖고 노는 시간이 크게 줄어들었다. 더 이상 색연필에 흥미를 느끼지 못한 것이다. 다른 두 조 아이들은 여전히 예전과 비슷한 시간 동안 색연필을 갖고 놀았다. 내재 동기가 약화되지 않았다는 것을 의미한다.

다시 말해, B조 아이들이 그림 그리기를 좋아하는 것은 내재 동기가 작용한 결과였고 보상을 받은 뒤에도 그림 그리기를 좋아한다는 점에는 변화가 없었다. 하지만 내재 동기가 외재 동기로 전환돼 "나는 상을 받을 수 있을 때만 이걸 하겠어"라는 인식이 생기면 외부의 힘이 없을 때는 그림을 그릴 필요를 느끼지 못했다.

이 실험을 통해 보상은 내재 동기를 높일 수 없을 뿐 아니라 심지어 내재 동기를 짓밟을 수도 있다는 사실을 알 수 있다. 이익이 개입되면 내재적인 즐거움을 위해 하던 일이 직업이 되기 때문에 장기적으로는 내재 동기가 높은 사람에게 되레 부정적인 영향을 미칠 수 있다.

애쓰지 않는 심리 연습
단순히 즐거워서 하는 일에는 보상이 해롭다
아이를 교육할 때 혹은 자신이 어떤 일을 할 때 동기가 무엇인지 잘 살펴야 한다. 특히 아이가 자발적으로 어떤 일을 하려고 할 때 부모가 좋은 뜻으로 준 보상이 오히려 아이의 학습 동기를 꺾어 버릴 수 있다. 보상에 연연하지 않고 단순히 원해서 하는 일이라면 외적 보상을 할 필요가 없으며, 심지어 보상이 더 해롭기도 하다. 하지만 대가를 받고 싶다는 외재 동기로 그 일을 하는 경우라면 이익과 보상이 의욕을 끌어올리는 효과를 낼 수 있다. 물론 이런 경우에도 어느 정도 시간이 지속된 후에 보상을 줘야 한다.

아이에게 좋은 습관을 길러 주고 싶다면 처음에는 외부 요인을 통해 행동을 유도하더라도 점차 그것을 내재 동기로 전환시켜 스스로가 원해서 하도록 만들어야 한다. 그래야 오래 지속될 수 있다. 따라서 잘못된 보상으로 내재적인 즐거움을 말살하는 실수를 범하지 않도록 평소에 자신과 타인의 동기를 유심히 관찰해야 한다. 또 어떤 일에 대한 순수한 열정을 되찾고 싶다면 외재 동기를 내재 동기로 바꾸려고 노력해야 한다. 이때 가장 좋은 방법은 수시로 이렇게 다짐하는 것이다. 초심을 잃지 말자!

어떻게 하면
일희일비하지 않고
편안하게 살까?

야식이 당길 때는
눈부터 붙여라

| 수면 부족과 비만 |

"아! 치킨이 너무 먹고 싶다!"

중즈가 갑자기 외쳤다. 샤오리가 이해 안 된다는 표정을 지었다.

"어떻게 그럴 수가 있어? 저녁을 실컷 먹었다면서?"
"맞아! 그런데도 왜 이렇게 치킨이 먹고 싶은지 모르겠어."
"너 며칠째 밤샘 야근을 하고 있잖아. 잠도 제대로 못 자고 정크
푸드를 입에 달고 사니까 심신이 피폐해질 수밖에."
"나도 이러고 싶지 않아. 그래서 일부러 저녁을 배불리 먹었다
고. 그런데 금세 또 야식 생각이 나!"

바쁘게 사는 현대인은 늘 수면 부족에 시달린다. 수면 시간이 5~6시간밖에 안 되는 사람이 부지기수다. 비만도 현대인을 괴롭히는 흔한 증상이다. 게다가 비만은 고혈압, 당뇨병, 심혈관계 질병의 원인이 된다.

얼핏 생각하면 수면 부족과 비만이 서로 무관할 것 같지만 사실이 둘은 우리가 상상하는 것보다 훨씬 밀접한 관계를 맺고 있다. 학자들은 이미 오래전에 수면 시간이 짧을수록 비만이 될 확률이 높다는 사실을 발견했다. 수면이 부족할수록 자기도 모르게 많이 먹게 된다는 사실이 여러 번의 연구로 입증됐다.

진짜 필요한 것은
음식이 아니라 잠

펜실베이니아대학교의 박사 안드레아 스패스의 연구 팀은 잠이 부족하면 먹을 것이 당기는 이유를 찾기 위해 한 가지 실험을 했다. 건강하고 비만이 아닌 사람들을 두 그룹으로 나눠 한 조는 닷새 동안 4시간(04:00~08:00)만 자게 하고, 다른 조는 충분한 수면을 취하게 했다. 이 닷새 동안 음식을 24시간 제공하며 자유롭게 먹을 수 있게 했다. 수면 시간이 아닐 때는 걷기나 독서, TV 시청, 게임 등 정적인 활동은 할 수 있지만 격렬한 운동은 할 수 없었다.

닷새 뒤 4시간만 잔 사람들의 체중이 평균 1킬로그램 증가했다.

정상적으로 잠을 잔 사람들의 체중이 평균 0.1킬로그램 증가한 것과 비교하면 엄청난 차이였다. 여성보다 남성의 체중 증가량이 더 많았다.

1일 섭취 열량도 약 2,500칼로리에서 약 3,000칼로리로 증가했다. 500칼로리는 맥도날드의 프렌치프라이 하나와 애플파이 하나를 합친 것과 맞먹는 열량이다. 게다가 주로 잠을 자지 않는 야간에(22:00~03:59) 야식으로 이 열량을 섭취했다. 그뿐만 아니다. 야식으로 기름진 음식을 선택하는 경향이 있었다. 야간에 치킨집 매상이 늘어나는 이유가 여기에 있다.

한마디로 밤새워 야근하며 먹는 야식은 비만의 주범이다. 밤에는 사람의 의지력이 약해지기 때문에 음식의 유혹을 뿌리치기 어렵다. 그렇다면 야식만 피한다면 괜찮을까? 그러나 이것은 그리 간단한 문제가 아니다. 증가한 식욕은 밤낮을 가리지 않고 찾아온다.

이번에도 피실험자들을 두 그룹으로 나눠 한 조는 나흘 동안 4시간 30분만 자게 하고 다른 한 조는 8시간 30분 동안 자게 했다. 그다음 나흘째 되는 날 점심 식사와 저녁 식사 사이에 두 조 모두에게 간식 파티를 열어 주고 자유롭게 먹게 했다. 피실험자들은 캔디, 크래커, 감자칩 같은 간식을 먹고 싶은 만큼 먹을 수 있었다.

그 결과, 점심과 저녁 때 섭취한 열량과 영양 성분은 두 조가 거의 비슷했다. 잠을 덜 잤다고 해서 세 끼 식사를 특별히 많이 먹는 것은 아니었다. 하지만 수면이 부족한 사람들은 오후 간식 파티 때

지방이 많은 음식을 선택했으며 충분히 잠을 잔 사람들보다 평균적으로 400칼로리 가까이 많이 먹었다. 맥도날드의 프렌치프라이 하나보다 더 많은 열량이다.

잠이 부족할 때 정크 푸드가 당기는 것은 수면이 부족하면 요거트, 오트밀처럼 몸에 좋은 음식보다 도넛, 초콜릿, 캔디 등 몸에 좋지 않은 음식 앞에서 대뇌가 훨씬 강렬하게 반응하기 때문이다. 실제로 수면이 부족하면 대뇌가 당신에게 "정크 푸드가 먹고 싶어! 정크 푸드가 먹고 싶어!"라고 외치는 것과 같다. 이렇게 강한 욕구를 뿌리치기란 사실 쉽지가 않다.

이것은 대뇌의 '엔도카나비노이드 시스템'과 관련이 있다. 이름만 들으면 무슨 역할을 하는 곳인지 추측하기 힘들 것이다. 이 시스템은 바로 마리화나를 피울 때 작동된다. 쉽게 말해, 잠이 부족하면 대뇌의 이 시스템에서 먹는 즐거움을 자극하는 물질이 생성되는데 그때 나타나는 쾌감이 마리화나의 작용과 유사하다. 이쯤이면 잠이 부족할 때 사람이 느끼는 식욕이 얼마나 강렬한지 상상할 수 있을 것이다!

애쓰지 않는 심리 연습
잠이야말로 최고의 다이어트 보조제다
하루 세 끼만 먹고 간식과 야식을 일절 입에 대지 않으면 별 문제가 없을 것이라고 생각하는 사람도 있을 것이다. 하지만 그것이 말처럼 쉬운 일이 아니다. 배가 고프든 안 고프든 당신의 대뇌가 빨리 정크 푸드를 먹으라고 유혹하기 때문이다.

수면이 부족하면 평소보다 의지력이 약해지는데, 바로 이때 대뇌에서 정크 푸드를 먹으라는 신호를 계속 보낸다면 유혹을 뿌리칠 수 있는 사람이 많지 않다. 그러므로 건강을 유지하고 싶거나 다이어트를 하려는 사람들은 매일 충분한 수면으로 정크 푸드의 유혹에 저항하는 것이 좋다. 자신의 의지력을 과대평가하는 것은 절대 금물이다!

내 마음대로
식욕을 조절하는 방법

| 자아 관찰 효과 |

"너무하잖아! 치킨 한 마리를 다 먹어 치우다니! 다이어트 안 할 거야? 한 조각도 안 남겨 주고…."
"미안해. 치킨이 너무 맛있어서 멈출 수가 없었어."

이팡이 바닥을 드러낸 접시를 보며 믿기 힘들다는 표정으로 말하자 샤오허가 자기도 피해자라는 듯 말했다.

"널 자제시킬 수 있는 방법을 찾아야겠어."
"맞아. 브래드 피트를 데려다 내 앞에 앉혀 줘. 그가 내 앞에 있으면 자제할 수 있을 거야."

샤오허가 눈을 감고 공상에 빠지자 이팡이 눈을 흘겼다.

"너랑 밥 먹다가는 체하고 말 거야."

음식은 우리 생활에서 빠질 수 없는 것이다. 건강을 위해 몸에 좋은 음식을 먹어야 한다는 사실은 누구나 알지만 맛있는 음식을 먹고 싶어 하는 것은 인간의 본성이다. 몸에 안 좋은 성분이 뒤범벅된 음식도 먹음직스러운 향기와 맛으로 유혹하면 건강에 대한 걱정은 금세 저 멀리로 날아간다. 몸에 안 좋은 음식 앞에서 식욕을 떨어뜨리는 방법이 있다면 조금이라도 덜 먹게 되지 않을까?

샤오허의 말처럼 톱스타와 마주 앉아 밥을 먹을 수는 없겠지만 심리학에서 도움이 되는 방법을 찾아볼 수는 있다. 한 심리학자가 거울을 앞에 두고 자기가 먹는 모습을 보며 음식을 먹는다면 스스로 과식을 절제할 수 있을 것이라는 가설을 세웠다.

먹는 모습과 씹는 소리에 집중하라

센트럴 플로리다대학교의 심리학과 교수 아타 자미는 열량이 높은 음식을 먹을 때 스스로 의식할 수 있다면 식욕을 절제할 수 있는지 알아보기 위한 실험을 했다.

그는 대학생 185명이 몸에 좋은 음식(과일 샐러드)과 몸에 좋지 않은 음식(초콜릿 케이크)을 자유롭게 선택한 뒤 각자 방에 들어가서 먹게 했다. 각각의 방에는 큰 거울이 놓여 있었는데 학생들을 두 그룹으로 나눠 한 조는 거울을 바라보고 앉아서 먹게 하고, 다른 조는 거울을 등지고 앉아서 먹게 했다.

자미는 일부러 음악을 잔잔하게 틀어 놓고 피실험자 중 절반에게만 음악이 사람의 감정에 미치는 영향을 실험하고 있다고 알려 줬다. 실험은 총 여덟 가지 상황으로 나눠 진행됐다. 모든 피실험자가 음식을 다 먹은 뒤 맛을 평가하는 설문지를 작성했다.

실험 결과, 음악에 관해 말해 주지 않은 경우(5~8조)에는 '거울을 등지고', '몸에 안 좋은 음식'을 먹은 사람들보다 '거울을 바라보며', '몸에 안 좋은 음식'을 먹은 사람들이 음식 맛을 현저히 낮게 평가했다. '몸에 좋은 음식'을 먹은 피실험자들은 거울을 바라보고 먹었든 등지고 먹었든 음식의 맛 평가에 큰 차이가 없었다. 하지만 음악에 관해 말해 준 경우(1~4조)에는 거울을 바라보고 앉든 등지고 앉든, 또 어떤 음식을 먹었든 음식 맛의 평가가 비슷했다.

'몸에 안 좋은 음식'을 어디에 앉아서 먹었는지가 맛 평가에 영향을 미쳤음을 알 수 있다. 거울 앞에서 자기 모습을 보면서 먹을 때는 자신을 객관적으로 인식하게 되므로 몸에 안 좋은 음식을 먹는 자신의 행위가 몸에 좋은 음식을 먹어야 한다는 대중의 기준에 부합하지 않는다는 사실에 불편한 감정을 느낀다. 불편한 감정이 생기면 사람들은 다른 요인(음식)에서 원인을 찾는다. 자기 행동이 대중의 기준에 부합하지 않기 때문이 아니라 음식 맛을 탓하는 것이다. 반면 몸에 좋은 음식을 먹는 경우에는 그 자체로 이미 대중의 기준에 부합하기에 음식 맛에 대한 평가가 달라지지 않는다.

하지만 음악이 감정에 미치는 영향을 알아보고 있다고 말해 준 그룹은 '몸에 안 좋은 음식'을 먹어도 맛 평가가 달라지지 않았다. 그들은 자기 감정이 음악 때문이라는 암시를 받았기 때문에 거울 앞에서 음식을 먹을 때 생기는 불편한 감정을 음식 때문이 아니라 음악 때문이라고 생각한 것이다.

거울을 보며 음식을 먹는 것 외에 식욕을 떨어뜨리는 또 다른 방법이 없을까? 미국의 브리검영대학교와 콜로라도주립대학교 연구팀이 공동 발표한 연구 결과에 따르면, 음식을 먹는 소리도 음식 섭취량에 영향을 미친다.

대학생 71명을 두 그룹으로 나눠 한 조에게는 음식 씹는 소리보다 더 시끄러운 환경 소음을 들려주고, 다른 한 조에게는 씹는 소리가 또렷하게 들릴 만큼 조용한 환경에서 음식을 먹게 했다. 그들은 최소한 쿠키 1개는 먹어야 하지만 그 외에는 제한 없이 먹고 싶은 만큼 먹을 수 있었다.

실험 결과, 시끄러운 환경에서 쿠키를 먹은 사람들은 평균 4개씩 먹었지만 조용한 환경에서 먹은 사람들은 평균 2.75개를 먹었다. 시끄러운 환경에서 먹을 때 음식 섭취량이 더 많다는 것을 알 수 있다. 조용한 환경에서는 음식 씹는 소리가 식욕을 떨어뜨리는 것이다. 얼핏 생각하면 작은 차이지만 장기간 누적되면 차이가 커진다. 음식 씹는 소리와 음식 섭취량 사이에 연관성이 있다는 것을 간과하는 사람이 많지만 이 점을 잘 이용한다면 몸에 안 좋은 음식을 과식하지 않도록 절제할 수 있을 것이다.

애쓰지 않는 심리 연습
적게 먹고 싶다면 식탁에 거울을 두자

맛있는 음식은 거부하기 힘든 마력을 갖고 있지만 건강을 위해 절제할 줄 아는 지혜가 필요하다. 심리학자들은 몸에 안 좋은 음식을 과식하는 행위를 예방하려면 식탁에 거울을 두라고 조언한다. 거울 앞에서 음식을 먹으면 식욕이 억제돼 몸에 안 좋은 음식을 적게 먹을 것이다. 또 음식을 먹을 때 소음을 최대한 차단하고 조용한 환경을 만드는 것도 도움이 된다. 이를테면 TV를 끄고 음악을 틀지 않는 식이다. 자기가 음식을 씹는 소리가 또렷하게 들리면 자신이 무엇을 먹고 있다는 사실을 분명히 인식하게 돼 거울을 보며 먹는 것과 비슷한 효과를 낼 수 있으므로 몸에 안 좋은 음식을 적게 먹을 수 있다.

운동하기 싫을 때는
플레이리스트부터 짜라

| 운동과 음악 |

아이린이 운동복을 꺼내 입고 집을 나서며 한숨을 내쉬었다. 이번에는 정말로 꾸준히 운동하겠다고 결심한 것이 벌써 몇 번째인지 모른다. 월요일부터 시작해 저녁마다 조깅을 한 지 나흘이 됐지만 아직도 운동을 하러 나갈 때마다 포기하고 싶어진다.

"남들은 쉽게 운동하는 것 같은데 나는 왜 이렇게 힘들까?"

잠시 멈춰 가쁜 숨을 고르며 옆을 스쳐 지나가는 사람들을 물끄러미 쳐다봤다. 그녀는 조깅하는 사람들의 표정을 보며 의구심이 들었다. 착각일까? 이어폰을 끼고 달리는 사람들의 얼굴이 즐거워

보였다.

"음악을 들으면 즐겁게 운동할 수 있을까? 그럼 꾸준히 운동하는 데도 도움이 될까?"

그녀는 내일부터는 음악을 들으며 뛰어 봐야겠다고 다짐했다.

작심삼일을 끝내는 훌륭한 운동 메이트

운동할 때 음악을 듣는 것이 도움이 될까? 이어폰을 끼고 운동하면 위험이 닥쳤을 때 빠르게 대응할 수 없다며 이어폰을 끼지 말라는 의견도 있다. 그런데도 많은 사람이 음악을 들으며 운동한다. 심지어 운동용 이어폰도 있다. 사람들은 왜 그렇게 음악을 들으며 운동하려는 것일까? 무료함을 달랠 수 있다는 점 말고 또 다른 효과가 있는 것일까?

캐나다 맥마스터대학교의 연구 팀이 운동할 때 음악을 듣는 것이 운동하는 사람의 마음가짐이나 의욕에 어떤 영향을 미치는지 알아보는 실험을 했다. 실험에 이용한 운동은 고강도 인터벌 트레이닝이다. 우선 2분간 워밍업을 한 뒤 30초간 최대한 빠른 속도로 달리고 4분 동안 휴식하는 과정을 한 세트로 해서 총 4회 반복하는 방식이었다.

연구 팀은 젊은 남녀 20명을 대상으로 총 5차례 실험을 진행했다. 우선 워밍업과 한 세트 운동을 한 후에 설문지를 작성하게 해서 그다음 운동 때 들을 음악 리스트를 만들었다. 두 번째는 정식 실험을 위한 적응 과정으로 4세트 전체를 수행하게 했으며, 세 번째, 네 번째 때 정식 실험을 했다. 4세트 전체를 수행하는 것은 동일하지만 그중 한 번은 연구자가 작성한 리스트에 따라 음악을 들려줬고, 다른 한 번은 음악을 들려주지 않았다.

정리해 보면 다음과 같다.

실험	운동	측정 척도	음악
1차	워밍업 후 1세트 운동	마음가짐, 의욕, 음악 선호도	들려주지 않음
2차	워밍업 후 4세트 운동	측정하지 않음	들려주지 않음
3차	워밍업 후 4세트 운동	음악을 즐기는 정도, 마음가짐, 의욕	들려줌
4차	워밍업 후 4세트 운동	음악을 즐기는 정도, 마음가짐, 의욕	들려주지 않음
5차	운동하지 않음	마음가짐, 의욕	들려주지 않음

실험 결과, 운동 과정을 즐길수록 운동에 긍정적인 마음을 갖게 됐고 운동 의욕도 강해졌다. 누구나 예상할 수 있는 결과일 것이다. 의외인 것은 음악을 들으며 운동하는 경우, 운동에 더 긍정적

인 마음가짐을 갖게 되고 운동 의욕도 증가한다는 사실이었다. 운동 의욕이 증가하면 다음번 운동 계획을 실천할 가능성도 높아진다. 간단히 말해서, 음악을 들으며 운동하면 아무것도 듣지 않고 운동할 때보다 운동에 더 긍정적인 마음을 갖게 되고 운동 계획을 포기하지 않고 꾸준히 지킬 수 있다.

그렇다면 음악을 들으며 운동하면 운동 시간도 늘어날까? 이 질문의 답을 얻기 위해 심장 재활 치료를 받고 있는 환자들을 대상으로 실험을 진행했다. 우선 환자들의 1분당 걸음 수에 맞춰 음악 리스트를 작성한 뒤 피실험자를 두 그룹으로 나눠 한 조는 심장 재활 치료만 하게 하고, 다른 한 조는 심장 재활 치료를 하는 동안 음악을 듣게 했다. 또 음악을 듣는 조를 다시 둘로 나눠 한 조에게는 특별히 박자를 강화한 음악을 들려주고(듣기에는 이상한 점을 느낄 수 없었다) 다른 한 조에게는 음악을 그대로 들려줬다.

그 결과, 음악을 듣지 않은 그룹에 비해 음악을 들은 그룹의 주당 평균 운동 시간이 105.4분 더 길었다. 음악을 들은 그룹 중에서는 박자를 강화한 음악을 들은 그룹의 주당 평균 운동 시간이 311.3분 더 길었다. 운동 시간에 제한을 두지 않고 자유롭게 운동할 수 있는 상황에서 나온 결과였다. 걷는 속도와 비슷한 박자의 음악을 들으며 운동하면 무의식중에 운동을 응원받는 효과가 나타나기 때문에 운동 시간이 늘어나는 것이다. 따라서 자기 걸음과 같은 박자의 음악을 들으면 더 즐겁게 오랫동안 운동할 수 있다.

걷는 속도와 비슷한 박자의 음악을 듣자

운동 계획을 세우고 있다면 운동할 때 자기 걸음의 박자를 측정해서 비슷한 박자의 음악으로 플레이리스트를 만드는 것이 좋다. 특히 박자가 뚜렷한 음악이면 더 좋다. 운동용 음악 리스트를 만들어 놓으면 더 길게 운동할 수 있고 운동 의욕이 강해지므로 운동 계획을 실천하는 데 도움이 될 것이다.

음악을 듣는 것이 운동의 동기를 높여 주기는 하지만 그렇다고 음악만으로 장기적인 운동 계획을 실천할 수 있는 것은 아니다. 시간이 부족해서 꾸준히 운동할 수 없다고 말하는 사람이 많다. 그러므로 운동용 이어폰을 사기 전에 먼저 자기 일과를 조절해 운동할 시간을 확보하는 것이 중요하다. 하루 중 일정한 시간을 운동을 위해 남겨 두는 것도 좋은 방법이다.

몸이 아플 때는
클래식과 함께 휴식을

| 음악 치료 효과 |

　홍다가 최근 들어 현기증이 나고 눈이 침침하고 잠을 제대로 자지 못해 의사를 찾아갔다. 의사가 말했다.

"고혈압 증상입니다. 약을 드셔야겠습니다."

"뭐라고요? 이렇게 젊은데 고혈압이라고요?"

"고혈압이 꼭 노인들에게만 생기는 건 아닙니다. 요즘 젊은 사람들도 업무 스트레스와 잘못된 생활 습관 때문에 고혈압이 종종 발생합니다. 고혈압 발병 연령이 점점 낮아지고 있어요."

"약을 먹는 것 외에 또 주의해야 할 게 있나요?"

"짜거나 자극적인 음식을 줄이고 충분한 수면을 취하세요. 매주 규칙적인 운동을 하는 게 제일 좋습니다. 아, 휴식을 취할 때 클래식을 들으면 불편한 증상이 줄어들 겁니다."

"음악으로 고혈압을 치료할 수 있나요?"

훙다가 의심스럽다는 표정을 짓자 의사가 웃으며 말했다.

"음악으로 고혈압을 치료할 수는 없지만 증상을 완화할 수 있다는 연구 결과가 있습니다."

가사 없는 음악이
스트레스를 완화한다

의료 분야에서 음악 치료가 새롭게 주목받고 있다. 앞에서 의사가 말한 연구란 독일 보훔루르대학교에서 실시한 것이다.

보훔루르대학교 연구 팀은 피실험자 120명이 25분간 누워서 휴식하게 하고 그중 절반에게만 음악을 틀어 줬다. 음악을 듣는 그룹을 다시 세 조로 나눠 각각 모차르트 교향곡 40번, 요한 슈트라우스의 왈츠, 인기 그룹 아바의 노래를 들려줬다. 앞의 두 조의 노래는 가사가 없는 고전 시대와 낭만 시대의 클래식이었고, 마지막 조의 노래는 가사가 있는 전형적인 팝송이었다.

연구 팀은 휴식 전후에 피실험자들의 심박수, 혈압, 코르티솔 농도를 측정했다. 코르티솔은 스트레스 호르몬의 일종으로 혈압을 상승시키는 작용을 하기 때문에 스트레스 관찰 지표로 사용된다.

실험 전후의 수치를 비교한 결과, 팝송을 듣거나 음악을 듣지 않은 사람들에 비해 클래식을 들은 사람들의 심박수와 혈압이 더 낮게 나타났다. 코르티솔 농도는 모든 사람에게서 감소했지만 음악을 듣지 않은 경우보다 음악을 들은 경우에 더 많이 감소했다. 생리적 요인(휴식)뿐만 아니라 외적 요인(음악)으로도 코르티솔 농도를 줄일 수 있음을 알 수 있다. 가만히 누워서 쉬는 것보다 클래식을 들으며 쉬는 것이 심박수, 혈압, 코르티솔 농도 등 생리 지표를 낮추는 데 더 도움이 되는 것이다. 그러므로 클래식을 들으며 휴식을 취하면 고혈압 증상을 완화할 수 있다.

여기서 한 가지 짚고 넘어갈 것은 클래식 중에서도 모차르트의 음악이 슈트라우스의 음악보다 훨씬 더 효과적이었다는 사실이다. 아마도 음악 자체의 작곡 요소와 음의 배치 방식과 관련이 있을 것이다. 모차르트의 음악이 다른 음악에 비해 주기성과 반복성이 높다는 특징이 심장 순환에 도움을 준 것으로 보인다.

팝송이 큰 효과를 내지 못한 것은 가사 때문이었다. 사람의 목소리나 가사가 음악 자체의 선율에 영향을 미쳐 긴장을 완화하는 효과를 떨어뜨린 것이다.

그렇다면 클래식이 고혈압 외에 다른 증상에도 도움이 될까?

미국 드렉셀대학교의 연구 팀이 음악이 암에 미치는 영향에 대한 연구 논문을 수집해 종합적으로 분석했다. 연구 팀은 음악 치료에 관한 논문 52건을 참고해서 비슷한 실험을 실시했다. 피실험자를 세 그룹으로 나눠 A조에게는 음악을 들려주지 않고, B조에게는 음악 치료를 진행하고, C조에게는 음악과 함께 핑크 노이즈나 화이트 노이즈를 추가로 들려줬다. 핑크 노이즈는 주파수 대역이 올라갈 때마다 음량이 줄어드는 소음을, 화이트 노이즈는 모든 주파수 대역에서 동일한 음량을 내는 소음을 말한다.

실험 결과, 음악 치료를 진행한 B조와 C조에서 뚜렷한 완화 효과가 나타났다. 환자의 초조한 심리가 크게 완화됐고 통증도 크게 개선됐으며 피로감도 약간 줄어들었다. 음악이 생리적 증상을 완화하는 데 실질적인 도움을 준다는 사실이 증명된 것이다. 암환자만을 대상으로 진행한 연구지만 감기, 독감 등 일상적인 질병에도 통증 및 피로 완화의 효과를 낼 수 있을 것이다.

애쓰지 않는 심리 연습
클래식은 병 치료의 강력한 조력자다
앞의 사례에서 의사가 음악으로 고혈압을 치료할 수는 없지만 고혈압 증상과 치료 과정의 부작용을 완화할 수는 있다고 말했다. '완화'와 '치료'는 명백히 의미가 다르다. 완화란 증상이 줄어든다는 뜻이지 증상이 완전히 사라진다는 뜻은 아니다. 증상을 없애려면 병을 근본적으로 치료해야 한다.

음악이 병을 치료할 수는 없지만 마취제나 진통제 사용을 줄이는 등 치료 과정에서 중요한 역할을 할 수는 있다. 주위에 고혈압 등 만성 질병을 앓는 사람이 있다면 의사의 지시대로 약을 복용하는 한편, 휴식을 취할 때 음악을 들으라고 조언해 주는 것이 좋다. 아무것도 하지 않고 휴식하는 것보다 훨씬 효과적일 것이다.

우울감을 잠재우는
밝은 음악의 힘

| 음악의 심리학 |

당신 너무 힘들게 울고 있네요

상처가 너무 깊어서 바보처럼 사랑해서

마지막 날인 것처럼 울고 있네요

당신 너무 느린 노래를 듣고 있네요

마음이 너무 아파서

다른 노래를 들어 볼까요

대만 인기 가수 우웨텐의 자작곡 〈마음 아픈 사람은 느린 노래를 듣지 말아요〉의 가사 일부다. 제목만 봐도 슬픔에 빠져 괴로워하는 사람들을 위한 노래라는 것을 알 수 있다. 마음이 아픈 이유는 저마다 다르겠지만 그럴 때 우울하고, 울고 싶고, 의욕을 잃어 아무것도 하기 싫은 것은 아마 비슷할 것이다.

기분이 울적할 때 슬프고 우울한 노래를 듣는 사람이 많다. 누군가 자기 마음을 노래로 대변해 주는 기분이 들기 때문이다. 하지만 우울할수록 기분을 전환하기 위해 밝은 노래를 듣는 사람도 있다.

우울한 마음을 떨쳐 내려면 어떤 노래를 들어야 할까? 슬픈 노래를 들으면 내 우울함 따위는 아무것도 아닌 것처럼 느껴질까? 아니면 우웨텐의 충고처럼 슬픈 사람은 느린 노래를 듣지 말아야 할까?

밝고 경쾌한 음악이
즐거운 기억을 소환한다

심리학자 케논 셸던과 유나 퍼거슨이 한 가지 실험을 했다. 대학생들을 두 그룹으로 나눠 한 조에게는 미국 클래식 작곡가 아론 코플랜드의 밝고 경쾌한 음악을 들려주고, 다른 한 조에게는 러시아 작곡가 이고르 스트라빈스키의 어둡고 우울한 음악을 들려줬다. 또 두 그룹을 각각 다시 반씩 나눠 절반에게는 기분을 가볍게 이완시키며 음악이 주는 느낌에 집중하라고 하고, 나머지 절반에게는 기분을 가볍게 이완시키라고 했을 뿐 별다른 요구를 하지 않았다.

음악이 끝난 뒤 설문을 통해 피실험자들이 느낀 감정을 조사했다. 조사 결과, 밝고 경쾌한 음악을 들으며 기분을 가볍게 이완시킨 그룹이 다른 그룹에 비해 정서 상태가 더 유쾌하고 즐거웠다. 기분을 가볍게 이완시키며 음악을 듣는 것만으로 사람의 감정을 바꿀 수 있는 것이다. 그런데 이런 효과가 얼마나 오래 지속될까?

연구 팀은 이 의문의 해답을 찾기 위해 또 다른 피실험자들을 대상으로 2주간 실험을 했다. 피실험자들은 2주 동안 15분씩 5번 음악을 들어야 했다. 듣고 싶은 음악을 자유롭게 골라서 들을 수 있었지만, 첫 번째 실험처럼 한 그룹은 기분을 가볍게 이완시키면서 음악의 느낌에 집중해야 했고, 다른 한 그룹은 별다른 요구 없이 음악을 들었다.

2주 후 실험 결과를 분석해 보니, 기분을 가볍게 이완시키면서 음악의 느낌에 집중한 그룹이 단순히 음악을 듣기만 한 그룹에 비해 정서 상태가 더 긍정적이고 유쾌했다. 중요한 것은 '즐거운 기분을 유지하려고 노력하는 것'이며 별 생각 없이 음악만 듣는 것은 큰 효과가 없다는 것을 알 수 있다.

왜 밝은 음악을 들으면 기분이 좋아질까? 사람의 감정이 기억과 연관돼 있기 때문일 것이다. 누구나 즐거운 기억을 많이 떠올릴수록 기분이 좋아지고 가슴 아픈 기억을 많이 떠올릴수록 우울해진다.

캐나다 맥길대학교의 심리학자 시그니 셸던과 줄리아 도나휴가 음악과 기억의 관련성을 알아보기 위한 실험을 했다. 연구 팀은 대학생 48명에게 피아노 음악을 들려줬다. 음악을 즐거운 음악, 잔잔한 음악, 무서운 음악, 슬픈 음악 네 종류로 나누고 각 종류당 8곡씩 평균 30초 동안 들려줬다. 실험을 위해 특별히 작곡한 것이었으니 모두들 처음 듣는 음악이었다. 피실험자들에게 음악을 들으면서 과거의 일을 회상하고 그 일이 어디에서 있었는지, 그때 자신이 어떤 기분이었는지 떠올리게 했다. 음악을 듣다가 어떤 일이든 떠오르면 곧장 앞에 있는 버튼을 누르고 자세히 적게 했다.

실험이 끝난 뒤 그들이 기억을 떠올린 시간과 회상한 내용, 느낀 감정 등을 조사했다. 밝은 피아노 음악을 들을 때 예전 일이 떠오르기까지 걸린 시간이 평균 12초로 가장 짧았다. 대부분 즐거운 음악이나 잔잔한 음악을 들을 때는 즐거웠던 일이 생각나고, 무서운 음악이나 슬픈 음악을 들을 때는 부정적이거나 슬픈 일이 떠올랐다고 대답했다.

애쓰지 않는 심리 연습
빠른 기분 전환이 필요하다면 음악에 집중하라

음악은 사람의 감정뿐 아니라 과거를 회상하는 데도 적잖은 영향을 미친다. 즐거운 음악을 듣는 것만으로 즐거웠던 옛일이 떠오르니 말이다. 또한 즐거운 음악을 들으면서 기분을 이완시키고 음악의 느낌에 집중하면 음악의 영향력이 더 크게 나타난다.

즐거워지고 싶다면 경쾌한 음악을 들어 보자. 돈도 들지 않을 뿐더러 아주 간단하고 빠른 방법이 아닌가? 밝은 음악을 듣기만 해도 즐거웠던 일이 떠올라 저절로 미소 짓게 되고 기분이 좋아질 것이다!

행복한 순간은
눈에 담을 것

| 카메라의 주의력 분산 효과 |

유명한 퍼레이드나 대형 공연장에 가면 처음부터 끝까지 휴대폰이나 카메라로 사진을 찍는 사람이 많다. 콘서트나 연극을 볼 때 공연 내용을 촬영하지 못하게 하면 항의하는 관객들도 있다. 사진을 찍거나 영상으로 녹화해 놓으면 나중에 다시 보면서 내용을 돌이켜 볼 수 있기 때문이다.

그런데 그렇게 찍어 둔 사진이나 영상을 과연 몇 번이나 다시 볼까? 자세히 볼까? 대다수는 다시 보는 일이 별로 없을 것이다. 게다가 사진을 찍는 데 주의력을 분산하면 기억력이 감퇴된다는 연구 결과가 있다. 심리학에서 이를 '사진 촬영으로 인한 기억력 감퇴 효과'라고 한다.

눈으로 담아야
더 오래 기억한다

미국 페어필드대학교의 심리학과 교수 린다 헨켈은 전시품을 찍는 행위가 경험을 분산시켜 전시품에 대한 기억을 희미하게 한다는 연구 결과를 발표했다. 그는 자신의 가설을 검증하기 위해 벨라르민 미술관에서 한 가지 실험을 했다.

우선 이 박물관을 관람한 적 없는 대학생 27명에게 인솔자를 따라다니며 전시품을 자세히 관람하게 했다. 그들이 관람한 전시품은 그림, 조각, 도자기, 보석 등 총 30가지였다. 학생들은 15가지는 눈으로 감상하기만 해야 했고, 다른 15가지는 감상하면서 사진 촬영을 해야 했다. 관람 시간은 각각 30초였으며 눈으로만 감상할 때는 30초 동안 충분히 감상해야 했고, 사진 촬영을 함께 할 때는 처음 20초 동안은 눈으로 보고 나머지 10초 동안은 사진을 찍어야 했다.

다음 날 린다는 피실험자들에게 전시품을 회상하게 했다. 우선 관람한 전시품들의 명칭을 회상하게 한 후에 실제 명칭과 일치하는지 확인했다. 그런데 연구자가 제시한 전시품은 40가지였다. 그중 10가지는 전날 관람하지 않았지만 그 박물관에 전시된 것들이었다. 피실험자는 그중 자신이 감상한 전시품이 어떤 것인지 골라내야 했다.

그다음에는 그들에게 전시품의 세부적인 특징에 대해 질문했다.

예를 들면 전시품 중 전사를 그린 그림에서 전사가 손에 들고 있는 것이 방패였는지, 창이었는지, 검이었는지, 아니면 아무것도 들고 있지 않았는지 하는 질문이었다.

조사 결과, 사진을 찍은 전시품의 경우 기억해 내는 확률이 비교적 낮았고 세부적인 질문의 정답률도 낮았다. 사진을 찍는 행위가 대상에 대한 기억을 희미하게 할 뿐 아니라 세부적인 특징을 기억하지 못하게 만든 것이다. 그렇다면 사진에 담아 두면 또렷하게 기억할 수 있다는 생각은 커다란 착각이 아닌가?

여기서 이의를 제기하는 사람이 있을 것이다. 사진 촬영을 한 경우 자세히 기억하지 못했던 것은 감상 시간이 짧았기 때문일 수도 있다고 말이다. 사진 촬영에 10초를 할애했으므로 오로지 감상만 했을 때보다 관찰할 수 있는 시간이 무려 10초나 짧지 않은가. 그러므로 자세히 볼 시간이 없어서 기억하지 못했을 수도 있다. 일리 있는 의견이다. 사진 촬영이 기억에 방해가 된 것이 아니라 감상한 시간이 짧은 것이 문제였을 수도 있다. 그래서 연구 팀은 다른 대학생들을 상대로 두 번째 실험을 진행했다.

27가지 전시품 중 9가지는 눈으로 감상하기만 하고, 9가지는 전체 모습을 사진 찍고, 나머지 9가지는 일부분만(예를 들면 전사의 손만) 사진 찍게 했으며, 모든 전시품을 똑같이 25초간 감상하게 한 후에 사진 찍을 시간을 줬다. 첫 번째 실험과 마찬가지로 다음 날 피실험자들에게 전시품을 회상하게 했는데 이번에는 전시품의 위치를 묻는 문제가 추가됐다.

그 결과, 눈으로만 감상한 경우 첫 번째 실험 때와 마찬가지로 비교적 또렷하게 기억해 냈고, 전시품의 세부적인 특징을 묻는 질문에는 눈으로만 감상한 경우와 일부만 사진 찍은 경우에 정답률이 거의 비슷했다. 반면 전시품의 전체 모습을 촬영한 경우에는 정답률이 낮았다. 그렇다면 전시품의 일부만 사진 찍으면 기억력에 영향을 주지 않는 것일까? 그렇지 않다! 전시품의 위치를 묻는 질문에서는 전시품의 일부만 촬영한 경우에 정답률이 가장 낮았다. 정답률이 가장 높은 경우는 역시 눈으로만 본 경우였다.

왜 이런 현상이 나타날까? 사람의 주의력에 한계가 있어서 눈으로 직접 감상하다가 사진을 촬영하면 주의력이 옮겨 가기 때문이다. 카메라의 뷰파인더를 들여다보며 어떻게 어떤 각도로 찍을 것인지 고민하는 등 카메라를 조절하는 데 사고가 집중돼 외부 신호를 놓치고, 이것이 기억이 희미해지는 결과를 낳는다. 전시품의 위치를 기억하지 못하는 것이 바로 이 때문이다.

눈으로 감상하는 시간을 더 늘린 다음 사진을 찍어도 사진 촬영 때문에 기억이 감퇴될까? 헨켈은 이에 대한 추가 실험을 진행하지 않았지만 두 번의 실험만으로도 중요한 사실을 알 수 있다. 아름다운 장면은 카메라가 아닌 우리 눈에 더 많이 담아야 한다는 사실 말이다!

그 순간의 풍경, 소리, 향기에 집중하라

인간의 주의력은 한계가 있어서 잡다한 일이 너무 많으면 눈앞에 있는 아름다운 것을 보지 못하고 지나친다. 여행을 하거나 공연을 관람할 때 모든 장면을 다 기억하고 싶다는 이유로 카메라 셔터를 누르는 데 집중하다 보면 세세한 아름다움을 놓쳐 버린다.

또 카메라는 시각적으로만 기록할 수 있지만 우리 기억은 시각 정보만 저장하는 것이 아니다. 인간의 신비한 두뇌는 청각, 후각, 촉각, 심지어 감정까지 모두 저장한다. 그러므로 사진 찍는 데만 집중하다 보면 그 순간 느끼고 경험할 수 있는 것들을 놓치게 된다. 너무 아깝지 않은가? 다음 여행에서는 카메라를 내려놓고 눈과 마음으로 아름다움을 느끼는 시간을 늘려 보는 것은 어떨까?

돈에 대한 생각이
행복을 결정짓는다

| 마음가짐의 힘 |

"아, 맛있어! 힘들게 일한 나에게 주는 상이야."

주문한 디저트가 나오자마자 샤오후이가 포크로 크게 잘라 한 입 가득 넣었다. 팅팅이 맞장구를 쳤다.

"맞아. 녹초가 되게 고단해도 월급날만 생각하면 기분이 좋아져. 지난주에 드디어 에르메스를 샀잖아."
"뭐? 또 샀다고?"
"또라니? 톱스타들은 날마다 가방이 바뀌던 걸. 너도 한 달 전에 블루베리 타르트 먹었는데 지금 또 먹잖아."

"가방이랑 타르트랑 어떻게 같아?"

"여자라면 적어도 명품 가방 하나는 있어야지. 버킨백 한번 가져 보지 못하면 평생 한이 될 거야."

"됐어. 난 날마다 블루베리 타르트를 먹을 수만 있다면 평생 여한이 없을 거야."

샤오후이가 마지막 한 입을 입에 넣으며 말했다. 그러고는 고개를 돌려 치즈 케이크를 하나 더 주문했다.

행복은 돈으로 살 수 없다고들 말한다. 정말 그럴까? 혹시 부자들에 대한 편견은 아닐까? 물질적으로 풍족해지는데도 행복감이 상승하지 않는다는 것은 상식적으로 이해하기 어렵다.

IT 기술과 문명이 발달하면서 사람들의 욕구가 점점 다양해지고 물질이 행복, 성공, 가치관을 평가하는 기준이 됐다. 그런데 물질지상주의와 인생의 만족도 사이에 뚜렷한 반비례 관계가 있다는 사실이 여러 연구로 증명됐다. 한마디로 물질을 추구할수록 생활의 만족도는 오히려 떨어진다는 것이다. 하지만 여기에 이의를 제기하는 사람이 많을 것이다. 유행에 따르는 것을 좋아해서 IT 제품이 새로 나올 때마다 구매하는데 그러면 큰 행복감을 느낀다고 말하는 사람도 있을 것이다.

사실 물질과 행복의 관계는 그리 단순하지 않다. 그 사이에 영향을 미치는 요인이 많기 때문이다. 소비 행위 전문가인 제임스 로버츠는 이에 물질을 추구하는 것 자체가 아니라 마음가짐이 중요하다고 말한다. 어떤 마음가짐을 말하는 것일까? 감사하는 마음이 돈을 쓴 후의 행복감에 어떤 영향을 미치는지에 대한 연구 결과를 살펴보자.

'얼마나 많은가'보다 '얼마나 감사하는가'

제임스 로버츠의 연구 팀은 감사하는 마음과 물질생활에 대한 만족도 사이에 어떤 관계가 있는지 알아보기 위해 실험을 했다. 대학생 246명을 대상으로 '물질 지상주의'와 '감사하는 마음', '긍정적/부정적 기분', '생활에 대한 만족도' 등 네 가지 항목을 조사하는 온라인 설문 조사를 했다. 피실험자들에게 "지금 당신에게 없는 물건을 갖게 된다면 더 나은 생활을 하게 될 것인가", "내 생활에서 감사해야 할 것이 많다", "최근 한 달 동안 괴롭다고 느낀 적이 있다", "지금 내 생활에 만족한다" 등의 제시문이 주어졌고, 동의하는 정도나 발생 빈도에 따라 선택하게 했다.

피실험자들의 점수를 분석하고 비교한 결과, '감사하는 마음' 항목의 점수가 높은 학생들은 '물질지상주의'와 '부정적인 기분'의 점수가 낮았고, '물질지상주의' 항목의 점수가 높고 '감사하는 마음'

또는 '긍정적인 기분'의 점수가 낮은 학생들은 '생활에 대한 만족도'도 함께 하락했다. 다시 말해, 자기 생활에 감사하는 사람들은 물질에 대한 욕구가 생활에 대한 만족도에 영향을 미치지 않았지만, 물질을 중요하게 여기는 사람들은 자기 생활에 감사하는 마음이 적었고 그로 인해 생활에 대한 만족도가 떨어졌다.

애쓰지 않는 심리 연습
매일 한 가지씩 감사한 일을 되새기자
이 연구 결과가 물질을 추구하는 생활을 폄하하거나 무소유의 삶을 권장하는 것은 아니다. 다만, 사람의 생활이 단순히 물질이나 정신 중 어느 하나로만 결정되는 것이 아니며 두 가지 측면에서 모두 고려해야 한다는 사실을 알려 준다. 그러므로 심리학자들은 물질을 추구하고 소비하면서도 감사하는 마음을 잃지 않고 현재 자신이 가진 것들을 소중히 여기라고 조언한다. 그래야만 생활의 아름다운 면을 볼 수 있고 행복을 '살 수 있다.'

진정한 행복은 돈이 얼마나 많은지가 아니라 당신이 돈을 어떻게 생각하느냐에 달려 있다. 오로지 물질만으로는 불행한 마음을 영원히 만족시킬 수 없다. 밑 빠진 독을 물로 채울 수 없는 것과 마찬가지다. 다행스러운 것은 이 실험의 결과가 현재 상황을 반영하는 것일 뿐 사람의 일생 전체를 규정하는 것은 아니라는 사실이다. 지금 당신이 어떤 상황에 있든 자기 마음을 잘 들여다보고 생활에 대한 생각을 바꾼다면 틀림없이 점점 행복해질 것이다.

물건을 사기 전에
평균 가격을 확인하라

| 앵커링 효과 |

장난감 가게 앞을 지나가다가 쇼윈도에 전시된 피규어가 눈에 들어왔다. 제법 정교하게 만들어진 모양새가 마음에 들어 가격을 물어보니 정가가 599위안이지만 오늘 하루 특가 세일 중이라며 400위안에 주겠다고 했다.

오늘 하루 특가 세일이라는 얘기에 망설임 없이 덥석 산 뒤 싸게 잘 샀다며 흐뭇해했다. 며칠 뒤 다른 상점에서 똑같은 피규어를 봤다. 그런데 정가가 350위안이었다! 특가 세일로 산 금액보다도 더 싼 가격을 보고 화가 치밀었다.

누구나 한두 번쯤 이런 경험을 해 봤을 것이다. 사람들은 왜 이런 실수를 저지르는 것일까? 사실 이런 실수는 지능이나 지혜와는 아무 상관도 없다. 그저 우리의 뇌가 게으름뱅이라서 일의 결과를 생각하지 않고 행동하기 때문이다.

뇌는 최근에 접한 숫자를 기준으로 삼는다

1974년 심리학자 아모스 트버스키와 대니얼 카너먼이 사람들의 결정 과정, 특히 숫자에 관한 결정 과정을 알아보기 위한 실험을 했다. 대학생들에게 0부터 100까지 쓰여 있는 돌림판을 돌리게 했다. 사실 이 돌림판은 어떻게 돌리든 10 또는 65에서 멈추도록 만들어진 것이었다. 돌림판이 그중 하나에서 멈추면 그들에게 "유엔 회원국 가운데 아프리카 국가의 비중이 얼마나 될까요?"라고 질문했다.

실험 결과, 돌림판이 65에서 멈춘 학생들은 유엔 회원국 중 아프리카 국가의 비중이 약 40퍼센트일 것이라고 예상했고, 10에서 멈춘 학생들은 약 25퍼센트일 것이라고 예상했다. 왜 이렇게 큰 차이가 나타난 것일까?

정답을 전혀 모르는 상태에서 질문을 받으면 우리의 뇌가 방금 전 돌림판에서 본 숫자를 참고해 기준으로 삼기 때문이다. 그래서 돌림판이 65에서 멈춘 학생들이 10에서 멈춘 학생들보다 높은 숫자를 말했던 것이다. 사람들이 어떤 결정을 내릴 때 기존에 얻은 정보를 기준으로 삼는다는 것을 알 수 있다.

이런 현상은 배를 항구에 대려고 할 때 먼저 닻을 내려 수심을 확인한 뒤 천천히 항구로 다가가는 것과 같다. 그래서 사람들이 결정을 내릴 때 나타나는 이런 현상을 '앵커링 효과'라고 부른다.

그런데 이상하지 않은가? 돌림판을 돌려서 얻은 숫자가 유엔의 아프리카 회원국 비중과 아무 관련도 없다는 것은 학생들도 알고 있었을 것이다. 그런데 왜 그렇게 쉽게 영향을 받았을까? 이는 사람들이 결정을 내릴 때 참고가 될 수 있는 정보를 찾으려는 경향이 있기 때문이다. 답을 알지 못하는 문제일수록 참고 기준이 필요하다. 숫자나 금액에 관한 결정인 경우 특히 그렇다. 갑자기 참고할 만한 정보가 전혀 없는 상황에 놓이면 하는 수 없이 제일 가까운 곳에서 접할 수 있는 숫자를 기준으로 삼게 되는 것이다.

앞의 피규어 사례에서도 정가가 599위안이라고 적혀 있는 것을 보고 이 가격을 기준으로 피규어의 가치를 판단해 400위안이 싼 값이라고 생각한 것이다. 실은 피규어의 정가가 그보다 더 낮을 수도 있다는 것을 생각하지 않은 채 말이다.

애쓰지 않는 심리 연습
먼저 생각할 것, '내가 원하는 조건이 무엇인가?'
가격이 저렴한 일상용품이라면 몰라도 자동차나 집처럼 비싼 것을 살

때, 특히 적정 가격이 얼마인지 잘 모를 때는 각별히 주의해야 한다. 실제로 양심 없는 부동산 중개인들은 고객에게 집을 보여 줄 때 일부러 허름하지만 비싼 집을 몇 곳 보여 준 뒤 자신이 팔고 싶은 집을 보여 준다. 그러면 사람들은 그 집에 대해 객관적으로 판단하지 못하고 앞서 봤던 집들과 비교한 뒤 가격에 비해 훌륭하다고 생각한다.

앵커링 효과는 사람의 대뇌에서 본능적으로 일어나는 작용이므로 인위적인 노력으로 극복하기가 쉽지 않다. 하지만 심리학의 측면에서 몇 가지 조언은 할 수 있다.

첫째, 자신의 직감과 처음 드는 판단을 과신하며 성급하게 결정하지 말 것.

둘째, 여러 가지 측면에서 물건의 기본적인 가치를 파악하고 검증할 것. 인터넷에서 가격을 비교하거나 여러 사람에게 물어보는 것이 좋다.

셋째, 고가의 물건을 구매하는 경우 먼저 자신이 원하는 조건을 적어 놓고 가격을 알아본 뒤에 비교할 것.

이렇게 하면 앵커링 효과의 심리적 함정을 최대한 피할 수 있다.

도움이 필요할 때는
한 사람을 지목할 것

| 방관자 효과 |

주위에 사람이 적거나 누군가와 단둘이 있을 때보다 사람이 많을 때 오히려 도움받기가 더 어렵다는 사실을 알고 있는가?

1964년 뉴욕의 거리에서 끔찍한 사건이 발생했다. 키티 제노비스라는 여자가 남자에게 세 차례 칼에 찔려 사망한 것이다. 그때 도와 달라는 그녀의 비명을 듣고 불을 켠 뒤 창문 밖을 내다본 목격자가 38명이나 있었지만 그중 살인범을 저지하러 밖으로 달려 나온 사람은 단 한 명도 없었다. 심지어 아무도 경찰에 신고조차 하지 않았고 키티는 그 자리에서 사망했다. 이 사건이 미국 사회를 충격에 빠뜨렸다. 매스컴은 "목격자가 38명이나 있었지만 아무도 신고하지 않았다. 퀸스 구의 살인 사건에서 드러난 인간의 비정함에 경찰조차 말을 잃었다!"라고 보도했다.

그로부터 몇 년 후 이 사건을 둘러싼 소문의 일부가 거짓이었음이 밝혀졌다. 목격자가 38명이나 되지는 않았고, 키티가 칼에 찔린 것도 세 번이 아니라 두 번이었으며, 누군가 신고했지만 경찰이 묵살했고, 키티는 중상을 입고 병원으로 옮겨진 뒤 사망했다는 것이다. 하지만 이 사건 이후 여러 학자가 이런 현상이 나타난 원인을 연구하기 시작했다. 특히 사회 심리학 분야에서 많은 연구가 이뤄졌다.

인원이 적을수록
책임이 커진다

사회 심리학자이자 뉴욕대학교 교수인 존 달리와 컬럼비아 대학교의 교수 빕 라타네는 이것이 뉴욕이라는 대도시의 냉정함 때문에 일어난 비극이 아니라 인간의 심리적 기제가 작용한 결과일 것이라고 생각했다. 그들은 이 가설을 증명하기 위해 사람들이 어떤 상황에서 남을 돕고 어떤 상황에서 남을 돕지 않는지 알아보는 몇 가지 실험을 진행했다.

그들은 긴 복도를 따라 이어진 방에 피실험자들을 한 명씩 들여보냈다. 사생활에 관해 대화할 것이기 때문에 얼굴을 대면하지 않고 대화할 수 있도록 격리해 놓는 것이라고 설명했다. 각 피실험자들에게 헤드폰과 마이크가 제공됐다. 마이크는 자기 순서가 돼야만 켜졌고 마이크 하나가 켜지면 그 외의 다른 마이크는 모두 꺼졌으므로 피실험자들은 서로 대화를 나눌 수 없었다.

헤드폰에서 누군가의 말소리가 들렸다. 사실 사전에 녹음된 내용을 틀어 주는 것이었지만 피실험자들은 다른 방에 있는 사람이 얘기하고 있다고 생각했다.

실험에는 1 대 1 대화를 하는 그룹도 있었고, 6명 또는 3명이 대화하는 그룹도 있었다. 그런데 그중 한 피실험자가 뉴욕 유학 생활에 적응하기 힘들다면서 자신이 심각한 뇌전증을 앓고 있다고 말했다. 심한 스트레스를 받거나 시험 기간이 되면 종종 발작을 일으킨다는 것이었다. 그런데 그가 갑자기 말을 더듬기 시작하더니 도와 달라고 외쳤다. 발작을 일으킨 것 같았다. 그리고 이 내용 또한 사실 미리 녹음된 것이었다.

이 실험의 목적이 바로 여기에 있었다. 만약 당신에게 이런 상황이 닥친다면 어떻게 할 것인가? 보통은 당장 밖으로 뛰어나가 도와주겠다고 대답할 것이다. 하지만 실험 결과는 예상과 조금 달랐다. 달리와 라타네는 이 실험을 통해 '함께 있는 사람이 얼마나 되느냐'가 타인을 돕는 행동에 아주 중요하게 작용한다는 사실을 발견했다. 현장에 있는 사람이 많을수록 즉각적인 도움을 받을 확률이 낮다는 것이다.

이 실험에서 1 대 1로 단둘이 대화를 나누던 사람 중 85퍼센트가 상대를 돕기 위해 즉시 방에서 뛰어나갔지만, 3명 그룹에서는 그 비율이 62퍼센트로 줄어들었고, 6명 그룹에서는 31퍼센트만이 방을 뛰어나갔다. 이런 현상을 '방관자 효과'라고 한다. 방관자가 많을수록 위험에 처한 사람이 도움받을 확률이 떨어지는 것이다.

왜 이런 결과가 나왔을까? 위급한 상황이 발생했을 때 상대와 자신 외에 아무도 없어서 스스로 돕지 않으면 상대가 위험에 빠진다는 사실을 알면 강한 책임감이 생긴다. 하지만 자기 말고도 여러 사람이 있을 때는 책임감이 분산돼 각자 느끼는 책임감이 약해지고 행동이 위축된다. 이것을 '책임감 분산'이라고 한다.

달리와 라타네는 도움 행동이 발생하는 다섯 가지 단계를 제시했다. 사람이 타인을 돕는 행동을 하게 되기까지 어떤 과정을 겪는지 정리한 것이다.

1단계: 상황 인식

상황이 발생했음을 인식한다. 이 단계가 매우 중요하다. 자기 관심사에 정신이 팔려 상황이 발생한 것도 모른 채 지나치는 경우도 있다. 예를 들면, 신호등이 바뀌기를 기다릴 때 주변에 관심을 주지 않고 고개를 숙인 채 휴대폰만 들여다보거나 등굣길에 시험 볼 내용을 골똘히 생각하느라 옆에서 일어난 일도 알지 못하고 지나칠 수 있다.

2단계: 해석

상황이 위급한지 아닌지 해석하는 단계다. 연구 결과, 애매한 상황일수록 방관자 효과가 발생하기 쉬운 것으로 나타났다. 남녀 한 쌍이 다투다가 남자가 여자를 때렸을 경우, 그들이 연인 관계라고 판단되면 여자를 도울 확률이 낮아지지만 두 사람이 모르는 사이라고 판단되면 나서서 남자를 저지할 확률이 높아진다.

3단계: 책임감 인식

자신에게 도울 의무가 있음을 자각하는 단계다. 하지만 책임감 분산이 가장 많이 나타나는 단계이기도 하다.

4단계: 판단

자신에게 타인을 도울 능력이 있고 어떻게 도와야 하는지 알고 있다고 판단할 수도 있지만 도울 능력이 없다고 판단할 수 있다. 그런 경우에는 능력 있는 다른 사람에게 도움을 요청하는 식의 간접적인 방법으로 도울 수 있다. 경찰에 신고하거나 현장에 있는 다른 사람들에게 함께 돕자고 요청할 수 있다.

5단계: 행동

직접 행동으로 돕는 단계다. 하지만 현장에 있는 다른 사람들의 시선에 영향을 받을 수 있다. 자신의 행동이 남들에게 어떻게 비칠지 걱정하기 때문이다. 이것을 '관객 억제'라고 한다.

도움 행동이 발생하는 5단계 과정으로 각 단계에서 어떤 요인이 도움을 억제하는지 알 수 있다. 이중 어느 한 단계라도 누락되면 타인을 돕는 행동이 나타날 수 없으므로 모든 단계가 중요하다.

애쓰지 않는 심리 연습
분명하게 지목해 책임감을 자극하라

방관자 효과를 인위적으로 막을 수는 없지만 확률을 낮추는 방법은 몇 가지 있다. 심리학자들은 위급 상황이 발생했을 때 타인의 도움을 받으려면 특정한 사람을 직접적으로 지목해 도움이 필요하다고 분명하게 의사를 표현하라고 조언한다. 방관자 중 한 사람을 손으로 가리키거나 어떤 특징을 지적하며 도움을 청하는 것이다.

"보라색 재킷을 입은 남자 분, 저를 도와주시겠어요?"

그러면 책임감 분산이 나타날 가능성을 줄이고 상황을 더 분명하게 전달할 수 있다.

반대로 이미 방관자 효과가 행동에 영향을 미친다는 사실을 알고 있는 만큼 어떤 사고를 목격했을 때 상대가 도움을 청하지 않더라도 적극적으로 나서서 도와줘야 한다. 그래야만 비극을 막을 수 있다. 하지만 상황이 위급하다면 우리의 안전도 위험할 수 있다는 점을 함께 고려하자. 경찰에게 도움을 요청하는 것 역시 타인을 돕는 행동이다!

돌아서면
잊어버리는 사람에게

| 위치 갱신 효과 |

"어머, 내 정신 좀 봐. 생일 선물을 놓고 나왔어. 잠깐 기다려. 갖고 올게."

그러나 5분 뒤 돌아온 제니퍼의 손에는 아무것도 들려 있지 않았다. 잭이 물었다.

"생일 선물 가지러 간 거 아니었어?"

"맞다! 생일 선물을 가지러 갔었지? 집에 들어가니까 내가 뭘 가지러 갔는지 생각이 안 나지 뭐야."

"기억력이 그렇게 나빠서야. 됐어. 내가 갖고 올게."

잭이 한숨을 쉬며 핀잔을 줬다. 그런데 엘리베이터에서 내려 현관문을 열고 들어선 잭이 우뚝 멈춰 섰다. 갑자기 머릿속이 텅 비어 버렸다.

'아차… 뭘 가지러 왔더라?'

다들 비슷한 경험이 있을 것이다. 집을 나섰다가 깜박 잊고 나온 물건이 생각나서 다시 집으로 들어갔지만 뭘 가지러 들어왔는지 생각나지 않으면 꼭 바보가 된 것 같다. 하지만 안심하라. 그것은 당신이 멍청해서가 아니니까 말이다. 심리학자들은 이것이 우리의 뇌에서 일어나는 '위치 갱신 효과' 때문이라고 말한다. 환경이 바뀌면 기존 환경에서 있었던 일을 잊어버리는 현상을 뜻한다.

문지방을 넘어갈 때는 기억을 꽉 붙들어라

주위 환경이 바뀌면, 예를 들어 거실에 있다가 문지방을 넘어 방으로 들어가면 거실에서 생각했던 것이나 했던 일이 생각나지 않는다. 이것은 어떤 사건에 대한 생각과 기억이 당시 환경과 연결돼 있기 때문에 나타나는 현상이다.

환경이 바뀌면 뇌는 잠시 보관하고 있던 정보가 더 이상 필요하지 않다고 판단하고 자동적으로 그 정보를 삭제 및 백업해서 깊숙이 넣어 버린다. 그래야 불필요한 정보를 기억하느라 에너지를 낭비하지 않아도 되기 때문이다. 이럴 때 다시 거실로 나가면 잊었던 것을 떠올리는 데 도움이 된다. 바로 기억과 장소가 연결돼 있기 때문이다.

심리학자 재커리 로렌스와 대니얼 페터슨은 머릿속으로 다른 방으로 옮겨 갔다고 상상하기만 해도 위치 갱신 효과가 나타나는지 궁금했다. 그들은 이 의문의 해답을 얻기 위해 두 가지 실험을 했다. 우선 피실험자들을 두 그룹으로 나눠 가구가 많이 놓여 있는 방에 들어가게 했다. 두 개의 방은 가구 배치가 똑같지만 그중 하나의 방에만 중간이 벽으로 막혀 있고 벽에 작은 문이 나 있었다. 그 문을 통해 양쪽으로 옮겨 다니면 전체적인 가구 배치를 볼 수 있었다.

동일한 실험을 두 번 했는데, 첫 번째는 실제 방에서 진행하고 두 번째는 컴퓨터 시뮬레이션으로 만든 가상의 방에서 진행했다. 연구 팀은 피실험자들에게 1분간 시간을 주고 가구 배치를 기억하게 한 뒤 밖으로 데리고 나와 방금 전 방 안에서 움직인 경로와 가구 배치 구조를 회상하게 했다.

실험 결과, 실제 방이든 가상의 방이든 벽이 없는 방에 들어갔던 조보다 벽이 있는 방에 들어갔던 조가 방 안의 가구 배치를 잘 기억하지 못했다. 벽에 난 문이 마치 어떤 경계라도 되는 것처럼 문지방을 넘는 순간 두 공간에서의 경험이 서로 독립된 사건으로 분리되고 기억도 두 부분으로 나눠졌다. 방금 전 머물던 공간에서 생각한 것을 회상하려고 할 때 현재 공간에서 만들어진 기억이 교란을 일으켜 잘 기억하지 못하게 되는 것이다. 게다가 이 위치 갱신 효과는 실제로 문지방을 넘을 때뿐만 아니라 머릿속으로 상상하기만 해도 똑같이 나타난다.

애쓰지 않는 심리 연습
이동할 때는 기억해야 하는 것을 입으로 되뇌어라

이제 장소를 옮긴 뒤 방금 전 것이 기억나지 않더라도 너무 자책할 필요가 없다. 정상적인 뇌의 작용이니까 말이다. 위치 갱신 효과를 피하고 싶다면 물건을 놓고 나와서 다시 집에 들어가려고 할 때 갖고 나오려는 물건을 마음속으로 여러 번 되뇌거나 걸으면서 입으로 여러 번 반복하는 것이 좋다. 이 작은 팁을 기억해 둔다면 당신의 뇌가 위치 갱신 효과를 극복할 수 있을 것이다!

뻔한 가짜 뉴스에
넘어가지 않는 방법

| 수면자 효과 |

각종 인터넷 커뮤니티가 인기를 끌수록 다양한 분야의 정보와 의견을 쉽게 접할 수 있다. 그런데 간접 광고, 댓글 부대 등 정보를 가공하는 방식도 점점 치밀해지고 있다. 대부분이 사용자에게 특정 정보가 옳다거나 좋다고 설득하기 위한 것이다.

가명을 이용해 실제 자기 생각과 다른 글을 일부러 지어내서 퍼뜨리는 소위 '지능적 안티'들도 있다. 대부분은 비꼬거나 그저 재밌으려고 쓰는 글이다. 그런 글은 조금만 읽어도 진위를 판단할 수 있기 때문에 대부분은 속지 않고 그저 웃어넘기고는 한다.

실제로 많은 사람이 스스로 정보의 진위를 정확하게 판단할 수 있기 때문에 누군가 의도적으로 만들어 퍼뜨린 정보에 넘어가지 않을 수 있다고 믿는다. 그런데 정말로 그렇게 단순한 문제일까?

심리학에 '수면자 효과'라는 것이 있다. 사람들이 어떤 정보를 접할 때 지금 당장은 믿지 않아도 시간이 흐르면 사실로 믿으려는 경향이 있다는 것이다. 수면자 효과란 대체 무엇일까?

뇌는 출처를 지우고 내용만 남긴다

2차 세계 대전 당시 미국 정부가 군인의 사기 진작을 위해 전쟁 선전 영화를 대량으로 제작해 보여 줬다. 군인이 한껏 고무돼 나라를 위해 몸 바쳐 싸우도록 부추기는 영화였다. 그런데 그 영화를 본 군인에게 정말로 그런 효과가 나타났을까?

미국 정부는 거액을 투입해 제작한 선전 영화가 자신이 원하는 효과를 내는지 알아보기 위해 심리학자 칼 호블랜드에게 연구를 의뢰했다. 군인이 선전 영화를 보고 난 뒤 뜨거운 피가 끓어올라 국가를 위해 전쟁터에서 몸 바칠 각오를 하게 될까?

군인에게 전쟁 영화를 보여 준 직후에 조사를 해 보니 뜻밖의 결과가 나왔다. 아무리 감동적이고 훌륭한 영화도 군인에게 거의 영향을 미치지 않았던 것이다. 영화를 보고 난 뒤 격앙된 감정이나 참전 충동이 일어나지 않았다. 선전 전략이 실패한 것 같았다. 영화를 본 직후에도 거의 효과가 나타나지 않았으므로 시간이 흐른 뒤에는 더 볼 것도 없다고 생각할 것이다.

그런데 9주 후 영화를 봤던 군인을 상대로 두 번째 설문 조사를 해 보니 의외의 결과가 나왔다. 사기가 올라가 있었고 선전 영화를 보지 않은 군인보다 참전 욕구가 훨씬 강하게 나타난 것이다. 하지만 그들은 자신의 변화가 어떻게 생겨난 것인지 알지 못했다.

호블랜드의 분석에 따르면, 처음 선전 영화를 볼 때는 정부의 의도가 다분히 섞여 있음을 알고 있었기 때문에 영화 속 감동적인 전쟁 장면을 믿지 않았다. 하지만 몇 개월이 지나면 언제 그런 영화를 봤는지, 누가 그 영화를 보여 줬는지는 잊어버리지만 영화 속 감동적인 장면과 스토리는 여전히 뇌리에 강하게 남아 있어 자기도 모르는 사이에 설득당한 것이다.

시간이 갈수록 정보의 출처는 쉽게 잊어버리고 정보의 내용만 희미하게 남게 되므로 설득의 효과가 감소하는 것이 아니라 오히려 증가하는 이 현상을 바로 수면자 효과라고 한다.

수면자 효과는 우리에게 큰 영향을 미친다. 가장 대표적인 예가 바로 선거에서 흔히 사용하는 네거티브 홍보 전략이다. 우리는 상대 진영에서 악의적으로 꾸며 낸 정보라는 것을 알고 있다. 그러나 시간이 흐르면서 정보의 출처는 잊고 부정적인 내용만 기억에 남아 그것을 사실로 믿게 된다.

수면자 효과가 예술가나 창작자를 곤혹스럽게 만들기도 한다. 창작자는 평소에 자기 분야에 관한 많은 정보를 접하는데 시간이 흐르면서 정보의 출처는 잊고 내용만 기억에 남는다. 그러다 보면 자기 작품을 창작할 때 어디서 보고 들은 것인지 기억하지 못한 채 스스로 떠올린 영감으로 착각하게 된다. 이 때문에 창작자들은 항상 표절의 위험을 안고 있다.

애쓰지 않는 심리 연습
신뢰할 수 없는 정보는 아예 피하는 것이 상책

수면자 효과를 피하고 싶다면 심리학자들이 알려 주는 방법들을 명심하자.

첫째, 출처를 신뢰할 수 없는 정보는 가급적 접촉하지 말 것. 인터넷 게시판에 올라온 글이나 과장 보도를 일삼는 매스컴의 기사가 대표적인 예다.
둘째, 정보를 들으면 먼저 정보의 출처와 근거를 확인할 것.
셋째, 창작을 위해 자료를 수집할 때는 가급적 출처에 따라 자료를 분류해 놓고, 창작물을 만든 뒤 혹시 타인의 작품이 인용된 부분이 없는지 여러 번 점검할 것.

이 세 가지만 지켜도 수면자 효과의 영향을 상당히 줄일 수 있다.

징크스에 몸을 맡기면
오히려 편안해진다

| 통제의 환상 |

　대만 프로 야구 팬들은 몇 년 전 라미고 몽키즈와 브라더 엘리펀 츠가 시즌 결승전에서 맞붙은 것을 기억할 것이다. 열기가 고조됐 을 때 관중석에 있던 한 중년 남자가 TV 중계 화면에 잡혔다. 눈길 을 끈 것은 그의 응원 방식이었다. 양손을 가슴 앞에 모으고 입으 로 계속 뭔가를 중얼거리고 있었던 것이다. 뜻밖에도 그날 경기에 서 라미고 몽키즈가 무려 11 대 0 대승을 거뒀다. 설마 그 신비한 남자가 어떤 초능력으로 경기의 승부를 결정한 것일까?

　투수가 승리한 경기에서 썼던 모자를 빨지 않고 계속 쓴다거나 똑같은 양말 색깔을 고수하는 경우가 있다. 일상생활에서도 이와 비슷한 예를 많이 볼 수 있다. 음력설이 되면 빨간 속옷이 불티나게 팔리는 것도 행운을 바라는 사람이 그만큼 많다는 뜻일 것이다.

이성적으로 생각하면 이런 행동이 실제 결과에 아무 영향을 미칠 수 없다는 것을 알 수 있다. 그런데 사람들은 왜 이런 행동을 할까?

운명을 통제하고
싶다는 욕구

행동주의 심리학의 대가 버러스 프레더릭 스키너는 동물이 수많은 행위를 학습할 수 있는 원인을 '조작적 조건 형성'이라는 개념으로 설명했다. 동물이 어떤 행위와 결과 사이의 연관성을 발견할 경우, 그 결과에 따라 행위가 강화되거나 약화된다는 것이다. 여기서 동물의 행위에는 원래부터 가능한 행위(예: 지렛대 누르기)와 원래는 불가능한 행위(예: 불붙은 고리 통과하기)가 모두 포함된다. 예를 들어, 비둘기가 버튼을 누르면(행위) 먹이를 얻을 수 있다(좋은 결과)는 사실을 알게 되면 버튼을 누르는 빈도가 증가한다.

하지만 행위와 결과의 연결 관계가 늘 정확하기만 할까? 그렇지 않다. 스키너가 비둘기를 이용해 이런 실험을 했다. 배고픈 비둘기 8마리를 먹이통이 달린 새장에 넣었다. 먹이통은 15초마다 먹이가 떨어지도록 설계돼 있었다. 비둘기가 어떤 행동을 하든 먹이통에서 먹이가 떨어지는 간격은 변하지 않았다.

실험 결과, 비둘기 8마리 중 6마리에게서 이상한 행동이 나타났다. 새장 안에서 시계 반대 방향으로 빙글빙글 돌거나, 새장의 철망을 머리로 들이받거나, 쉬지 않고 좌우로 몸을 흔들어 댔다. 그런 행동을 해야 먹이가 떨어진다고 생각한 것이다. 사실 먹이가 떨어지는 것과 비둘기의 행동 사이에 아무 관계가 없는데도 말이다.

스키너의 분석에 따르면, 먹이가 떨어질 때 마침 비둘기가 어떤 동작을 하고 있었고, 그런 우연이 몇 번 반복되자 비둘기는 자신이 어떤 동작을 해야 먹이를 먹을 수 있다고 생각하게 된 것이다. 비둘기가 특정 동작을 할 때마다 먹이가 떨어졌고 비둘기의 행위와 신념은 점점 강화됐다.

멍청한 비둘기라서 이런 착각에 빠졌다고 생각하는 사람들도 있을 것이다. 엘런 랭어 박사는 인간에게도 이런 착각이 나타나는지 알아보기 위해 몇 가지 실험을 했다. 그중 한 가지 실험에서 랭어가 피실험자들에게 1달러로 복권을 사고 싶은지 물었다. 피실험자가 복권을 사고 싶다고 말하면 그에게 복권 한 장을 주거나 여러 장의 복권 중 한 장을 직접 고르게 했다.

2주 후 그들에게 그 복권을 되사겠다고 하자 직접 복권을 골라서 가진 사람들은 9달러를 주면 팔겠다고 했고, 직접 고르지 않았던 사람들은 2달러에 팔겠다고 했다. 복권을 직접 고른 사람들은 자신이 고른 복권이므로 당첨될 확률이 높기 때문에 비싼 가치가 있다고 생각했던 것이다.

랭어는 자신이 통제할 수 없는 결과인데도 자신이 통제하고 결정했다고 믿는 이 현상을 '통제의 환상'이라고 명명했다. 우리 주변에서 이런 사례를 흔히 볼 수 있다. 자기가 TV 중계를 볼 때마다 응원하는 팀이 패한다거나, 병원에서 파인애플을 먹으면 그날은 환자가 줄지어 찾아온다거나(대만 방언에서 '파인애플'과 '많이 온다'의 발음이 동일함_옮긴이) 하는 미신 같은 징크스가 수없이 많다. 사실은 몇 차례 반복된 우연이 만들어 낸 잘못된 인과 관계지만 이런 착각이 널리 퍼져 나가 점점 영향력이 커지면 대중의 행위를 통제하는 힘을 갖게 된다.

애쓰지 않는 심리 연습
징크스도 마음의 안정제가 될 수 있다
사람들에게 통제의 환상이 나타나는 것은 복잡하고 불확실한 세상에서 일정한 논리와 인과 관계를 찾아 자기 운명을 통제하고 싶다는 욕구 때문이다. 이런 통제감은 강한 안정감을 준다. 반대로 스스로 결과를 결정할 수 없다는 무력감이 오래되면 위축되고 자신감을 잃는다. 그래서 심리학자들은 어떤 일을 할 때 마음의 안정이 필요하면 일부러라도 통제의 환상을 만들어 내라고 조언한다.

당신이 야구 경기를 직관하지 않아야 응원하는 팀이 이길 것이라고 생각하는가? 만약 응원하는 팀이 승리하기를 바란다면 집에서 야구를 봐라! 비록 당신이 경기장에 가지 않더라도 이런 '의식'을 통해 선수와 함께 싸우는 기분을 느낄 수 있다. 단, 기대와 다른 결과가 나와도 책임을 자신에게 돌리지 마라. 당신은 '멍청한 비둘기'가 아니니까!

웃자고 만든 성격 테스트에
목숨 걸지 마라

| 바넘 효과 |

다음의 성격 테스트를 해 보자.

연말연시가 다가와 집에 걸어 둘 새 달력을 사려고 한다. 어떤
주제의 달력을 선택하겠는가?

- 귀여운 동물.
- 세계 각지의 풍경.
- 아이돌 스타.
- 명화 작품.

당신이 무엇을 골랐는지 들을 필요 없이 곧바로 테스트 결과를 알

려 주겠다.

"당신은 남에게는 너그럽지만 자기 자신에게는 엄격한 사람입니다. 성격에 작은 단점이 있지만 단점을 밖으로 표출하는 경우는 거의 없습니다. 당신에게 장점이 많지만 그것을 발휘할 기회를 찾기가 쉽지 않습니다. 겉으로는 잘 지내고 있는 것 같지만 당신과 가까이 지내는 사람들은 당신 내면에 숨겨진 연약한 면을 알고 있습니다.

자기 결정이 옳은지 끊임없이 의심하고, 변화 없이 늘 똑같은 것을 싫어하며, 사사건건 간섭받는 것도 싫어합니다. 당신 스스로 주관이 뚜렷한 사람이라고 생각하기 때문에 충분한 근거가 없는 얘기는 믿지 않습니다. 남들에게 자신을 모두 드러내는 것은 위험한 일이라고 생각합니다. 비록 남들에게 친화력 있게 다가가기는 하지만 가끔은 신중하고 조심스럽습니다. 물론 가끔은 비현실적인 꿈을 꾸기도 합니다."

이 성격 테스트 결과가 당신의 성격과 87퍼센트 맞아떨어진다고 생각하지 않는가? 신문이나 잡지에서 별자리 운세나 성격 테스트를 흔히 볼 수 있다. 때로는 정말 호기심이 생겨 진지하게 테스트 문항에 답해 보기도 한다. 그렇다면 이런 성격 테스트의 적중률은 얼마나 될까?

성격 테스트는
모두에게 적중한다

이 성격 테스트는 1949년 심리학자 버트럼 포러가 했던 실험을
조금 수정한 것이다.

어느 날 포러가 학생들에게 개인의 성격, 취미, 관심사 등을 알아
볼 수 있다며 성격 테스트를 시켰다. 학생들은 자신이 어떤 사람인
지 궁금해하며 진지하게 설문지를 작성했다. 일주일 뒤 포러가 분
석 결과를 나눠 주며 결과가 얼마나 잘 맞는지 0부터 5까지 점수를
매기게 했다. 전혀 맞지 않으면 0점, 매우 잘 맞으면 5점이었다. 그
결과 평균 4.26점으로 대부분의 학생이 분석 결과에 높은 점수를
줬다. 이 테스트 결과가 매우 정확하다고 생각했던 것이다.

그런데 이것은 사실 포러의 심리학 실험이었다. 그가 학생들에
게 나눠 준 분석 결과는 모두 동일했다! 학생들이 받은 결과지마다
"남에게는 너그럽지만 자기 자신에게는 엄격한 사람입니다", "자기
결정이 옳은지 끊임없이 의심합니다", "때로는 외향적이고 상냥하
지만, 때로는 내성적이고 신중하며 과묵합니다" 등의 표현이 들어
있었는데, 실은 모두 가판대에서 파는 별자리 운세 책에서 아무렇
게나 골라낸 것이었다. 자세히 보면 두루뭉술하고 애매모호한 표
현이라는 사실을 알 수 있다.

포러는 보편적이고 애매모호한 표현으로 묘사할 경우 대부분의
사람이 그것을 자신에게 맞춰 생각한다고 해석했다. 포러가 이 현

상을 발견한 후 또 다른 심리학자 폴 밀이 유명한 서커스단장 피니어스 테일러 바넘의 이름을 따서 '바넘 효과'라고 명명했다. 바넘은 늘 기발한 아이디어로 관객을 끌어모으며 큰 성공을 거뒀는데 그가 한 말 중에 "우리 공연이 모든 관객을 만족시킬 것입니다!"라는 말이 있었다. 밀은 포러의 실험 결과가 바넘의 서커스와 비슷하다는 점에 착안해 바넘의 이름을 따왔다.

애쓰지 않는 심리 연습
놀이는 놀이일 뿐 과하게 몰입하지 말자

SNS에 종종 등장하는 성격 테스트는 사실 성격 테스트 놀이라고 불러야 한다. 그저 재미로 하는 것이므로 진지하게 믿어서는 안 된다. 실제 성격 테스트는 매우 복잡하고 엄격한 검사와 신뢰도 검증을 거친다. 몇 마디 문답으로 한 사람의 성격, 성장 배경, 인생을 분석하고 묘사하는 것은 불가능하다. 지구에 70억이 넘는 인구가 살고 있는데 간단한 문장 몇 줄로 어떻게 그들을 다 분류할 수 있겠는가?

그러므로 성격 테스트는 그저 재미로만 할 것이지 심각하게 믿어서는 안 된다. 특히 중요한 선택이나 결정을 할 때 근거 없는 테스트 결과에 자기 결정을 맡기는 것은 절대 금물이다.

모델 하우스 안 부러운
인테리어의 기술

| 이케아 효과 |

아마오가 새로 이사한 집에 친구들을 불러 집들이를 했다. 무언가를 손으로 직접 만드는 행위를 좋아하는 그이기에 가구는 대부분 DIY 가구를 사다가 직접 조립한 것들이었다.

아마오뿐만 아니라 주위에도 손으로 무언가를 직접 만드는 것을 좋아하는 친구가 많다. 작게는 프라모델에서 크게는 가구, 심지어 인테리어까지 손수 한다. 하지만 직접 재료를 사서 운반하고 조립해야 하므로 시간이 오래 걸린다. 게다가 완제품만큼 근사하지도 않고 그렇다고 비용이 적게 드는 것도 아니다. 그런데도 왜 DIY를 좋아하는 사람이 많을까? DIY에 어떤 매력이 있는 것일까?

직접 만들면
더 소중해진다

심리학자 대니얼 모촌과 댄 애리얼리는 사람들이 직접 재료를 사다가 만든 물건을 더 좋아하고 자랑스러워한다는 사실에 호기심을 느껴 몇 가지 실험을 했다.

첫 번째 실험에서는 대학생 52명을 무작위로 두 그룹으로 나눠 한 조에게는 이케아에서 파는 조립식 수납 상자를 직접 조립하게 하고 다른 조에게는 완제품 수납 상자를 줬다. 그런 다음 그들에게 그 상자가 얼마나 마음에 드는지, 가격이 얼마라면 사고 싶은 마음이 들지 물어봤다. 그 결과, 직접 조립한 학생들이 상자를 더 마음에 들어 했고 다른 조 학생들보다 63퍼센트 높은 가격에 사고 싶다고 대답했다.

혹시 이것이 이케아 제품에만 해당되는 현상일까? 아니면 가구이기 때문에 그럴까? 연구 팀은 가구가 아닌 물건에도 동일한 현상이 나타나는지 알아보기 위해 두 번째 실험을 했다. 우선 대학생 106명을 무작위로 세 그룹으로 나눴다. 그리고 A조에게 설명서와 재료만 주며 종이학과 종이 개구리를 접어 보라고 했다. 종이접기가 끝난 뒤 그들에게 그것을 얼마에 사고 싶은지 질문했다.

A조 학생들이 돌아간 뒤 B조 학생들에게 A조 학생들이 접은 종이학과 종이 개구리를 보여 주며 얼마에 사고 싶은지 물었다. 마지막으로 C조 학생들에게는 전문가가 만든 작품을 보여 주며 얼마에

사고 싶은지 물었다. 전문가와 비교하면 종이접기를 배운 적 없는 학생들의 작품이 당연히 어설프고 볼품없을 것이다. 하지만 직접 종이접기를 한 학생들은 자기 작품에 비교적 비싼 값을 매겼다. 심지어 전문가의 작품보다도 더 높은 가격을 매겼다.

또 다른 실험에서는 학생들에게 수납 상자를 조립하게 했다. 한 조 학생들은 상자를 완성하게 하고, 다른 조 학생들은 절반쯤 조립했을 때 그만두게 했다. 똑같이 직접 조립한 것이지만 상자를 완성한 학생들이 완성하지 못한 학생들에 비해 더 높은 가격으로 상자를 사겠다고 했다. 자기 손으로 직접 조립했고 완성까지 했으므로 가치가 훨씬 올라갔다고 생각한 것이다.

애쓰지 않는 심리 연습
인테리어할 때 DIY 제품을 사용하라

어떤 물건을 직접 만들면 우리는 자신이 대단한 사람이라는 자부심과 그 물건에 대한 정을 느끼게 된다. 이 두 가지 감정 때문에 직접 만든 물건이 더 가치 있게 느껴지는 것이다. 그래서 심리학자들은 그림이든 블록이든 DIY 생활용품이든 가끔씩 직접 무언가를 만들어 보라고 조언한다. 자기 주위의 물건들을 더 소중히 여기게 될 것이기 때문이다. 앞으로 인테리어를 새로 할 기회가 있으면 가급적 팔을 걷어붙이고 직접 해 보자. 적은 돈으로도 으리으리한 대저택에서 살고 있는 듯한 행복감을 느낄 수 있을 것이다!

| 나오며 |

심리학은
믿을 만한 조언자다

수년간 대학에서 학생들을 가르치면서 학생들이 지식이 만들어
진 과정에는 소홀하고 결론에만 집중한다는 사실을 알았다. "요즘
애들은 사과가 냉장고에서 자라는 줄 안다"라는 우스갯소리도 있
다. 과일이 어떻게 자라는지는 간과하고 과일이 냉장고에 들어 있
는 모습만 보는 것이다.

하지만 과정을 간과하는 현상은 누구에게나 나타난다. 영어는
우뇌로 공부해야 빨리 배울 수 있다거나, 예쁜 여자를 자주 보는
남자는 비교적 장수한다거나, 춤을 출 때 왼쪽으로 도는 이유는 좌
뇌가 더 발달했기 때문이라거나…. 사람들은 이런 말을 듣고 어떻
게 그 결론이 도출됐는지 알려고 하지 않는다. 사과가 냉장고에서

자란다는 논리와 비슷하지 않은가? 우리에게 아이들을 놀릴 자격이 있는가? 그래서 나는 결론을 아는 것만큼 결론이 나온 과정을 아는 것도 중요하다고 생각한다.

심리학을 공부하면서 나는 이 책에 등장하는 다양한 효과와 현상에 호기심이 많았다. 특히 이런 결과가 어떻게 나오게 됐는지 궁금했다. 관찰을 통한 것일까, 실험을 통한 것일까? 어떤 과정을 통해 도출된 결과일까? 특히 내 실제 경험과 다른 결론을 볼 때마다 과정이 몹시 궁금했다. 내가 예외적인 것일까? 아니면 실험 방법의 한계 때문에 현실에 적용하기 어려운 것일까? 이런 현상들은 과정을 체계적으로 연구해 전체적으로 파악해야 이해할 수 있다. 그 속에 숨겨진 원인도 모른 채 결론만 안다면 그 결론이 옳은지 그른지 알 수 없다.

"심리학자들은 무슨 근거로 저런 말을 할까?"

나와 같은 의문을 가진 사람이 많을 것이다. 그래서 페이스북에 '와우! 심리학'이라는 계정을 만들었다. 재미있는 지식을 대중에게 전달하면서 심리학이 허황된 학문이 아니라 철저하고 엄격한 과학 실험이 지탱하고 있는 학문임을 많은 이에게 알리고자 했다. 집필에 참여한 학생들의 리포트에서 책에 실을 글을 선택할 때도 반드시 연구 과정이 담겨 있어야 한다는 기준이 있었다. 그래야 독자에게 결론을 알려 주는 동시에 어떻게 그 결론을 얻었는지도 이해시킬 수 있기 때문이다.

심리학 실험들은 치밀하게 설계된다. 예를 들어 유명한 '흔들다리 효과'는 실험 참여자들이 여러 유형의 흔들다리를 직접 건너게 하고 각각의 결과를 비교해서 도출한 것이다. 심리학 실험 과정을 보면 "어떻게 이런 방법을 생각해 냈을까!" 하고 감탄할 때가 많다. 그러므로 심리학을 이해하려면 창의적이고 엄격한 연구 과정도 놓치지 말고 살펴봐야 한다.

대학에서 학생들을 가르치면서 어떻게 해야 지식을 가장 효과적으로 전달할 수 있을지 끊임없이 고민했다. 그러던 중 우연히 "학생의 성과가 곧 스승의 성과"라는 말을 들었고, 이 말에서 착안해 새로운 시도를 했다. 이 책이 바로 그 성과물이다.

교수 혼자서 심리학 책을 쓰면 결과물의 양에 한계가 있고, 그로 인해 영향을 미칠 수 있는 범위도 제한적일 수밖에 없다. 그래서 학생들을 동참시키기로 했다. 학생들이 심리학에 대해 설명하는 글을 쓴다면 자신이 배운 지식을 더 깊이 이해할 수 있고, 지식을 전달하는 법을 연습할 수 있을 뿐 아니라, 지식을 공유하는 기쁨을 깨달음으로써 훗날 또 다른 지식의 씨앗을 뿌릴 수도 있지 않을까? 그럴 수 있다면 일석삼조의 효과를 낼 것이라고 생각했다.

그래서 매년 내 수업을 듣는 학생들에게 기본적인 심리학 대중서 집필 방법을 알려 준 뒤 심리학 이론을 설명하는 글을 리포트로 제출하게 했다. 학생들이 리포트를 교수가 시켜서 쓰는 것이 아니라 자신이 배운 지식을 대중에게 전달하는 작품으로 여기기를 바랐다. 이 책에 담긴 대부분의 내용은 이처럼 가오슝 의과 대학 심리학과 대학생들이 리포트를 작성하고 수업 시간에 토론한 다음 내 감수를 거쳐 만들어졌다.

이 책은 학생들과 편집부의 노력으로 탄생했다. 페이스북의 '와우! 심리학' 페이지가 탄생할 수 있도록 적극적으로 지지해 준 대만 응용 심리학회 류자오밍 이사장과 이 책이 나오기까지 3년간 함께 노력해 준 편집자 홍췬닝, 교육의 성과를 확대할 수 있도록 격려해 준 가오슝 의과 대학 선배와 동료들에게 진심으로 고마움을 전한다.

교수와 학생들의 공동 노력으로 탄생한 이 책을 통해 많은 사람이 생활 곳곳에 숨어 있는 심리학을 발견하고 흥미를 느낄 수 있기를 바란다!